SIN ESTRATEGIA NO HAY PARAÍSO.

10 HABILIDADES HACIA EL ÉXITO

ISRAEL GUARNEROS

BARKER & JULES®

BARKER & JULES®

SIN ESTRATEGIA NO HAY PARAÍSO. 10 HABILIDADES HACIA EL ÉXITO

Edición: Barker and Jules™
Diseño de Portada: Barker & Jules Books™
Diseño de Interiores: María Elisa Almanza | Barker & Jules Books™

Primera edición - 2021

I.S.B.N. | 978-1-64789-637-9
I.S.B.N. eBook | 978-1-64789-638-6

BARKER & JULES, LLC
2248 Meridian Blvd. Ste. H, Minden, NV 89423
barkerandjules.com

ÍNDICE

A ustedes Paty y Diego por inspirarme y por pertenecer al mejor equipo.

Vi amo tantissimo, piú di qualunque altra cosa!

A ti mamá, a ti papá, a ustedes hermanas y sobrin@s.

A ustedes querid@s amig@s. Tú sabes que estás en mi lista.

Y a ustedes queridos alumn@s y exalumn@s por todo lo que me han enseñado.

A mis clientes pasados, presentes y futuros.

Y sobre todo a ti querido lector, **Diseña tu propia estrategia.**

¡Muchas gracias!

A MANERA DE ARRANQUE

"Si sabes que puedes, o crees que puedes, ponte en marcha. La audacia tiene genio, poder y magia"
Johann Wolfgang von Goethe

¡Sin estrategia no hay paraíso!

¿Por qué, Sin estrategia no hay paraíso?

Cómo juntos iremos revisando, tú creas tu propia realidad. Primero al visualizar con pasión y claridad tu futuro, y después al empezar a actuar en el presente.

Creo que para crecer personal y profesionalmente necesitas analizar e identificar en dónde te encuentras, e imaginar en dónde podrías estar mejor.

Así es, cada persona, lo haga consciente o no, diseña su futuro ahora. Y no es un tema frívolo y sin fundamento, al contrario, es un tema avalado por diferentes estudios surgidos en la neurociencia y la física cuántica (no se diga de la estrategia misma), y en donde, por ejemplo, la neuroplasticidad cerebral ha desvelado aquello que se mantenía oculto. Creíamos que lo que no podíamos ver no existía.

"Si queremos entender las claves del universo, tenemos que hablar en temas de energía, vibraciones y frecuencias"
Nikola Tesla

El neurocientífico Joe Dispenza, por ejemplo, afirma que, yendo más allá del modelo newtoniano, el yo futuro ya está conectado al yo actual más allá del tiempo y del espacio.

Desde la física cuántica se reconoce que tu vida ya cuenta con todas las posibilidades, sólo falta conectarlas.

El actual contexto te obliga a imaginar un futuro más alentador, lleno de posibilidades que desde este instante te permita actuar para llegar a un mejor lugar en lo personal y lo profesional. Y posiblemente te preguntarás ¿es posible diseñar el futuro en una época con tanta incertidumbre? ¿En una época llena de cambios, y con cada vez mayor complejidad?

Te puedo adelantar que tal vez no llegues al "cento per cento" a esa realidad tal y como la visualizas, sin embargo, sí hay un alto porcentaje de probabilidades de acercarse a ese futuro imaginado y trabajado día a día.

No quiere decir que vivas con ansiedad por exceso de futuro, y te pierdas el momento actual. Lo que quiero decirte es que cada nuevo presente tiene mucho de lo que alcanzas a ver hacia adelante. Todo nuevo futuro es producto de cada presente.

No todo es destino. Si fuera así, no existirían casos de personas que la han pasado muy mal en su infancia, pero que decidieron y lograron un mejor futuro.

Nada está totalmente determinado, sin embargo, para poder influir en lo que deseas que llegue, necesitas tener claro en dónde te encuentras y a dónde deseas llegar, y diseñar el camino a seguir. “Sin estrategia no hay paraíso”.

De qué va este libro, por una parte, te mostraré las 10 Habilidades que en el actual contexto te facilitarán estar mejor parado, y por otra, pondré a tu alcance un modelo de intervención estratégica que te permita incorporar, mejorar o potenciar cada una de tus habilidades para triunfar.

En el **capítulo 1 El espíritu de la época actual,** comprenderás qué época es la que te está tocando vivir. No se puede amar aquello que se desconoce. Y no puedes cambiar aquello que ignoras. Si no conoces cómo está el camino, no sabrás cómo y con qué prepararte para recorrerlo de la forma más efectiva y eficiente.

En este primer capítulo pretendo ofrecerte conocimientos que ayuden a reducir la incertidumbre de situaciones actuales como el propio COVID 19, para sólo así vivir mejor el momento actual y el futuro.

El **capítulo 2 Ajusta tus lentes. Una forma adicional de ver y entender tu realidad,** te permitirá equiparte con unas lentes mejor graduadas, a través de las cuales puedas ver con mayor claridad dentro del aparente caos que estamos viviendo. Verás que tu realidad cambia de acuerdo con tu particular punto de vista.

Aquí también, conocerás el valor de comprender la realidad de forma sistémica, y la ventaja de saber (y de saber aplicar) que el todo es mayor a la suma de las partes. Además, te explicaré, de qué manera el constructivismo y la termodinámica te brindarán ventajas competitivas al momento de incorporarlos y aplicarlos en tu vida. (Sí, verás que estos términos en apariencia poco sexys te serán de enorme utilidad).

En el **capítulo 3** conocerás las 10 habilidades personales de alto impacto profesional que te propongo para estar mejor en esta época. Cada habilidad irá precedida por una "H".

La **H1: Integrar/relacionar**. (Conciencia comunicativa y Visión sistémica). Aquí verás que aquello que es exitoso, es porque tiene una adecuada interacción entre las partes que lo componen y con su entorno. Desarrollar una conciencia comunicativa y una visión sistémica te dará un enfoque sin precedentes, pues te permitirá ver y solucionar desde aquello que otros no ven, por que tienen una visión estrecha y parcial de la realidad.

Aquí identificarás que es muy útil observar desde la llamada complejidad, y podrás convertirte en un hábil "tejedor de redes". Ya lo verás.

La segunda habilidad **H2: Diseñar estratégicamente**, te ayudará a comprender que tú tienes total influencia sobre tu futuro, pues este se diseña desde tu presente, desde lo que imagines, decidas y comiences a hacer ahora. Sólo que requieres de una buena metodología (sí, sé que esta es otra palabra nada sexy, pero también sé de su importancia para triunfar). Siempre se requiere del "cómo" podrás conseguir lo que te propones.

Diseñar estratégicamente te permitirá traducir esas ideas anticipatorias en acciones concretas para alcanzar tus metas y objetivos.

También en este apartado, conocerás una Matriz estratégica (tiempo/energía) que puedes usar para potenciar tus resultados, y te quedará claro que anticipar escenarios es mejor que dejar plácidamente que el futuro te alcance.

Para la tercera habilidad **H3: Autoconciencia**, comprobarás que la autoconciencia mínima o "nula" trae para ti y para los demás grandes calamidades, pero que si, al contrario, tu nivel de autoconciencia es alto traerá dicha para ti y para quienes te rodean.

Actuar en automático te lleva a altísimos niveles de estrés y de malestares físicos y emocionales los cuales poco a poco te dejarán fuera del juego. En ese apartado del libro verás que tienes recursos a tu alcance para llevar una vida personal y profesional más alegre y productiva.

En la cuarta habilidad **H4: Gestionar el cambio**, reconocerás en primer lugar, que todo en la vida es cambio, y que muchas veces es mejor ser proactivo, estratégico, es decir, anticiparse. Y, en segundo lugar, conocerás una metodología útil para gestionar cambios personales y grupales. Por supuesto, verás que la resistencia al cambio es el principal motivo por el cuál el común de las personas evita vivir riesgos y así crecer. Verás que vivimos a partir de auto engañarnos, para bien y para mal.

Poco a poco verificarás que cada habilidad irá integrándose y armonizando con las demás, haciendo válida, en la práctica, esta visión gestáltica de que “el todo es mayor a la suma de las partes”. Al armonizar partes, emergen elementos o propiedades antes inexistentes.

La quinta habilidad **H5: Rehacerse para retomar el rumbo**, tiene el propósito de darte opciones para continuar a pesar de creer que no hay nada más que hacer después de una mala jugada. Cuando se cae en un bajo nivel de autoconciencia (H3), no te das cuenta de que regularmente tú mismo eres quien te derrotas, no los otros.

Conocerás la diferencia entre dolor y sufrimiento, y eso te permitirá salir adelante ante las adversidades personales y profesionales.

Para la sexta habilidad **H6: Gestionar las percepciones**, descubrirás lo importante que es gestionar la propia identidad e imagen, pues las percepciones muchas veces superan la propia realidad. Cada uno crea una realidad subjetiva la cual determina sus actitudes (prejuicios) y sus conductas.

Comprobarás como el denominado "branding", el proceso de creación y construcción de marcas (significados, percepciones) te puede aportar muchos beneficios personales y profesionales. Debemos hacernos visibles, confiables y creíbles.

OJO: durante el libro iré relacionando el contenido que estés leyendo con cada uno de los apartados que ya viste o que verás más adelante. El propósito es que vayas teniendo una visión integral para que sigas asociando y armonizando contenidos y conocimientos. Dentro de algún párrafo, verás entre paréntesis, por ejemplo, esto (H1: Integrar/relacionar), o esto (H8: Storytelling) o esto (capítulo 2 Constructivismo) etc., lo cual te permitirá reafirmar lo aprendido o dirigirte ahí para revisarlo o recordarlo.

La séptima habilidad es **H7: Creatividad**. Lo primero que haremos es desmitificar que la creatividad está dada para unos cuantos. Todo ser humano es creativo. Todos podemos imaginar, y ese es un rasgo característico del ser creativo.

En este apartado te encontrarás con algunos aspectos relevantes que te ayudarán a potenciar tu parte creativa, y a reencontrarte con tu pasión, la cual será un buen propulsor en tu desarrollo.

En la octava habilidad **H8: Storytelling**, verás las bondades de saber construir y comunicar buenas historias. Entre esas bondades están la capacidad de químicamente producir en tus públicos interés, expectativas, empatía, "buena vibra" y apoyo.

Verificarás por qué una narrativa potente te permitirá ser más claro y atractivo al plantear tus ideas o tus proyectos, pues tendrás mayores posibilidades de entusiasmar e involucrar a las personas.

La novena habilidad **H9: Habilidad digital**, te hará reconocer el actual escenario producto de las tecnologías de la información y la comunicación, y cómo moverte en él. También, reconocerás cómo el mundo actual se mueve principalmente a través de la cadena de valor de los datos, del big data y el small data, y de cómo las actuales tecnologías te permiten estar muy próximo a la persona que siempre has querido contactar.

También hay un espacio en dónde se revisa el lado oscuro de la tecnología para evitar ser víctimas de ello.

En la décima habilidad **H10: Inteligencia financiera**, te hablaré sobre la fascinación del dinero, y sobre la importancia de administrar tus recursos, que mientras más temprano aprendas mucho mejor.

En este capítulo podrás verificar qué tan rico eres, y cómo puedes distribuir mejor tus ingresos disfrutando del presente sin perder de vista el futuro.

Por último, **Diseña tu propia estrategia**. En el capítulo 4, te explicaré en qué consiste el **Modelo para el desarrollo de tu estrategia personal**, y te guiaré para que lo lleves a la práctica, y ahora sí salgas a la nueva realidad inspirado, preparado y fortalecido.

Antes de que te introduzcas al contenido de este libro. Responderé a esta pregunta: ¿Para qué escribir este libro?

La respuesta:

Para ofrecerte los conocimientos que he desarrollado, y mi experiencia en el ámbito del Marketing, del Branding, de las Ciencias de la Comunicación, de la Comunicación estratégica, de la Teoría de sistemas, de la Física cuántica, etc., aunque en apariencia parezca que no tienen ninguna relación entre ellos.

Y por supuesto, para compartirte una visión adicional (anteojos) que te permitan comprender e intervenir el mundo actual de manera más efectiva, eficiente y sustentable.

Deseo que tengas el atrevimiento de verificar por ti mismo la utilidad práctica, personal y profesional (sí, en ese orden), de los conocimientos y experiencia vertidas aquí.

No olvides que ya eres lo que deseas ser. Las 10 habilidades que aquí te presento te ayudarán estratégicamente a llegar a ese lugar que ya te pertenece.

¡Éxito anticipado!

[illegible] Doctora [illegible] amigo [illegible] capítulo [illegible] Modelo para el desarrollo de la estrategia personal [illegible]

Antes de que te introduzcas al contenido de este libro [illegible]

[illegible]

[illegible]

[illegible]

[illegible]

[illegible]

[illegible]

1. El espíritu de la época actual

"En la historia humana (y también animal) aquellos que han aprendido a colaborar y a improvisar de manera eficiente han logrado prevalecer"
Charles Darwin

Quiero contarte que justo días antes del 11 de marzo de 2020 (si recuerdas fue la fecha en que la Organización Mundial de Salud calificara como pandemia el brote por coronavirus COVID 19 iniciado en Wuhan, China) escribía lo siguiente en mi Tesis de Doctorado:

"El mundo y México están ante un cambio, digamos no sólo de paradigma económico productivo, sino que se encuentra ante un gran cambio de civilización el cual está determinado por la llamada Sociedad del Conocimiento".

Y quien diría que muy poco tiempo después, un virus acelerara la ya iniciada sociedad de la información y del conocimiento.

De acuerdo con la UNESCO (2005) "la sociedad de conocimiento se caracteriza por su `capacidad para identificar, producir, tratar, transformar, difundir y utilizar la información con vistas a crear y aplicar los conocimientos necesarios para el desarrollo humano´". La sociedad del conocimiento configura este nuevo paradigma (seguro queda dentro del listado de palabras sexys) en el cual, como revisaremos, los datos, la información y la comunicación son protagonistas ineludibles.

El propósito de esta parte del libro es identificar el momento actual que estamos viviendo, es decir, qué problemáticas y oportunidades se respiran en esta época, muchas de ellas resultado de las formas que hemos adoptado para ver, entender, influir e intervenir el mundo.

Este ejercicio es un principio estratégico fundamental. Siempre tienes que identificar cuál es el contexto, el entorno global y local en el cual te encuentras, pues sólo así podrás intervenir, mejorar tú realidad. Necesitas un GPS que te dé tu ubicación actual y después marcar tu destino, tu meta deseada.

Cuando tengas claro en dónde estás y a dónde quieres llegar, te serán de gran utilidad las 10 habilidades que aquí te propongo para avanzar en este nuevo y complejo mundo.

Empecemos este breve recorrido.

En el siglo XIX, el desarrollo y evolución de la mecánica fueron claves para consolidar el paradigma (o modelo) de la "era industrial", el cual planteó una visión (unas lentes) para entender e intervenir el mundo en ese momento.

Esas lentes nos hacen ver de manera lineal que cualquier fenómeno es sólo causa-efecto, sin ningún impacto en el entorno. Por ejemplo, la acción de producir mucho para ganar mucho (que no parece estar tan mal), no toma en cuenta que producir mucho también significa usar muchos recursos, algunos de ellos no recuperables, o al menos no en un corto tiempo.

"El todo es mayor a la suma de sus partes" como sabes es una máxima de la corriente psicológica de la Gestalt, y como veremos más adelante es clave para comprender y actuar en esta nueva realidad, ya que la fusión, más allá de la suma, crea nuevas propiedades que antes no existían.

"El agua es necesaria para la sopa,
pero la sopa es algo más que agua"
Edward de Bono

Un cuadro de tu pintor favorito es más que la suma de colores (partes) en el lienzo (el todo). Únicamente sumar colores no da como resultado una obra maestra, ¿verdad?

Una pizza (el todo) no es harina, huevos, tomate, queso, aceite de oliva (partes), una pizza es una nueva propiedad antes inexistente. No importa la excelente calidad de los elementos en sí mismos, si están aislados.

"Cada senador romano era una gran persona, pero el Senado en su conjunto se comporta como idiota"
Cicerón

Pero escalemos el ejemplo, un grupo eficiente y efectivo, lo es no debido al talento y preparación de cada persona por separado, sino por lo que resulta de una correcta interacción entre ellos. Claro que es necesario contar con esas personas, pero no es suficiente, tienen que fusionarse, armonizarse para enriquecer el resultado global. Muchos objetivos no se alcanzarían sin la correcta "CoOperación", es decir, sin la adecuada interacción.

"La historia del periplo humano revela que la felicidad no se encuentra en el materialismo, sino en la participación empática"
Jeremy Rifkin

Indudablemente, la revolución industrial trajo un conjunto de tecnologías que ampliaron la productividad humana.

El modelo de la era industrial trajo muchas aportaciones, muchos cambios culturales, entre ellos: la reorganización productiva de la sociedad y la hiper especialización ("zapatero a tus zapatos"), los avances tecnológicos producto de la electricidad, y con ello vidas más cómodas y placenteras para muchos (no sé si en realidad vidas más felices, eso le toca determinarlo a cada uno).

El historiador Yuval Noah Harari en "Sapiens", dice que hasta donde se sabe, los cambios sociales, tecnológicos y de colonización de nuevos habitats, por parte de nuestros antepasados miles de años atrás, fueron más producto de "mutaciones genéticas y presiones ambientales que de iniciativas culturales".

Lo anterior se refiere, por una parte, a las transformaciones físicas en los cuerpos humanos, por ejemplo, la evolución de tu dedo pulgar oponible al resto de tus otros dedos. Esa evolución ahora te permite tomar con los dedos índice y pulgar una pluma para escribir, pero también te es posible sujetar con toda la mano tu smartphone.

Y, por otra parte, las modificaciones en las circunstancias ambientales (sequías, inundaciones, nevadas extremas, etc.) forzaron a nuestros parientes lejanos a cambiar. Y esos cambios, poco o nada tenían que ver con decisiones personales o grupales voluntarias e intencionadas.

Sin embargo, como menciona Harari: "Mientras que los patrones de comportamiento de los humanos arcaicos permanecieron inalterables durante decenas de miles de años, los sapiens pueden transformar sus estructuras sociales, la naturaleza de sus relaciones interpersonales, sus actividades económicas y toda una serie de comportamientos en el decurso de una década o dos" (2021, pág. 107)

Bien sabemos que antes, los cambios eran mucho más lentos, ahora son muchísimo más dinámicos, "vertiginosos", y mucho es debido al desarrollo de las Tecnologías de la Comunicación y de la Información (TICs). (OJO: La tecnología por sí misma no resolverá nuestros problemas. La tecnología mal utilizada podría dividir y polarizar a las personas).

Mientras nuestros antepasados durante millones de años permanecieron con sus mismas herramientas y objetos de madera y de piedra (en toda su vida no lograron ver algo distinto), en la época contemporánea, en pocas décadas hemos pasado velozmente de la creación de herramientas y utensilios hechos con diferentes materiales, a máquinas, y a complejos sistemas integrados.

En pocos años hemos vivido e interactuado con diferentes tecnologías análogas (las tornamesas para escuchar tus acetatos favoritos) y digitales (tu teléfono inteligente con tu play list casi infinita), por ejemplo.

También has tenido la experiencia de vivenciar la telecomunicación, la comunicación desde lejos, a distancia. En donde se sustituye la presencialidad, por videollamadas, situación que años atrás no sucedía en el ámbito personal.

En la antigüedad la interacción humana necesariamente requería la cercanía y el contacto. Las batallas entre los pueblos, la comercialización, el disfrute de los espectáculos públicos, y muchas otras actividades, requerían estar siempre presentes.

El avance tecnológico, incluyendo el de las TICs, han relativizado los tiempos y los espacios, se ha comprometido la realidad prístina tal y como la conocíamos.

Ahora a través de la denominada "realidad aumentada" se mezclan la realidad y "la virtualidad", tú puedes probarte ropa (puedes vértela puesta) sin que tengas físicamente la prenda, o puedes utilizar una aplicación para amueblar tu casa, y ver cómo luce, antes de realizar la compra.

Al levantarte por la mañana y pararte frente al espejo, el nuevo "baño inteligente", registrará tu peso y tus principales signos vitales. Al usar el excusado se tomarán muestras de laboratorio, y como la apuesta es, "la internet de las cosas", esa información no quedará ahí, sino que se enviará a tu cocina y tendrás listas diversas opciones de dieta, las cuales podrás convertir en un desayuno equilibrado (con las calorías, las grasas, las proteínas, las vitaminas, los carbohidratos justos) para tomar específicamente ese día (supongo que deberás incluir qué tipo de actividades tendrás durante tu jornada para que a través de "inteligencia artificial" se tome en cuenta el desgaste físico, es decir, tu consumo de energía).

Si puedes, revisa el libro "Qué haremos cuando las máquinas lo hagan todo" (2018, Frank, Roehrig y Pring), en el cual los autores hablan sobre lo que denominan las "**tres letras M**", refiriéndose a que en cada uno de los momentos de la historia las emes, es decir, las **M**aterias primas, las **M**áquinas y los **M**odelos de negocio, "han traído la transformación económica y tecnológica".

Entonces, la principal **M**ateria prima en el siglo XIX fue el carbón, la principal **M**áquina fue la locomotora, y el **M**odelo de negocio fue la transportación ferroviaria y marítima. Esa era la situación contextual de aquella época.

Ya en el siglo XX las **M**aterias primas se diversificaron entre el petróleo, el acero y la electricidad, la **M**áquina fue el vehículo de combustión, así como las fábricas en sentido amplio, y el **M**odelo de negocio fue la producción industrial, se creyó que el éxito era producir y producir. Pero creo que no se tomaron en cuenta: los recursos naturales, el impacto sobre el ambiente, el tamaño de la huella ecológica, y que se empezó vivir sólo para trabajar.

Jeremy Rifkins dice con esperanza, que niños "de todo el mundo aprenden el significado de la expresión huella ecológica y entienden que todo lo que hace el ser humano -y, en el fondo, lo que hace todo ser vivo- deja una huella ecológica que afecta al bienestar de otro ser, humano o no humano, en otro lugar de la biósfera terrestre (...) Esta generación crece sabiendo que la biosfera es nuestra comunidad planetaria y que su salud determina la nuestra" (2015, pág. 374)

"Cuando siento empatía percibo la naturaleza frágil y transitoria de la existencia del otro. Sentir empatía es alentar al otro a florecer y a expresar todo su potencial durante su breve estadía. La compasión es nuestra manera de celebrar la existencia de los demás, de reconocer nuestros lazos comunes como compañeros de viaje en la Tierra"

Jeremy Rifkin

Sobre la esperada o temida automatización o "robotización", hoy mismo en el siglo XXI, se está deliberando, o especulando, acerca de si los robots nos sustituirán a las personas, principalmente en el campo laboral.

Frank, Roehrig y Pring responden que: "El trabajo cognitivo se compone de un conjunto de tareas. Algunas pueden automatizarse y otras no se verán afectadas en modo alguno (...) el 20 % de las tareas rutinarias -incluso aburridas- que compongan un trabajo, pasará a las máquinas" (2018, pág. 56-57)

Esto significa que habrá mayores posibilidades de que un robot haga tu trabajo sólo si éste consiste en actividades monótonas, es decir, tareas que fácilmente pueden ser automatizadas. Es lo que evidentemente ya ha pasado, y no tiene poco, años atrás se han ido sustituyendo actividades humanas, ejemplo: los cajeros bancarios para retirar y pagar servicios, o las máquinas dispensadoras de refrescos, de cafés y de "papitas", o el cajero para pagar el estacionamiento en centros comerciales, etc.

Sobre este tema de la robotización, hay dos escenarios imaginados, uno catastrófico y otro utópico.

El escenario catastrófico, es precisamente el que plantea que los robots no sólo tomarán nuestros lugares de trabajo, sino que ellos nos gobernarán, nos dominarán y peor aún, nos someterán.

Irónicamente, desde una postura crítica "fuimos reducidos a comportarnos como máquinas, realizando tareas repetitivas muy simples. Nuestro trabajo se deshumanizó. Este es el origen de uno de los problemas más críticos que enfrentamos hoy en día, nuestra alienación del trabajo". (Ackoff, R. L., 2012 pág. 13). Parece que se camina sin sentido.

Por otra parte, el escenario utópico, es aquel en el que los robots realizarán los trabajos más pesados y aburridos, dejándonos tiempo libre a los seres humanos para enfocarnos en aquello que realmente nos gusta y queremos hacer, y de esa forma alcanzar la anhelada felicidad.

Pero volviendo al tema de paradigma, Thomas Samuel Kuhn lo define como "un modelo o patrón aceptado", y cada modelo aceptado y además adoptado por la gran mayoría, ha determinado una forma de entender, comprender y actuar sobre la realidad. Lo que sucede es que "lo que ve un hombre depende tanto de lo que mira como de lo que su experiencia visual y conceptual previa lo ha preparado a ver." (Kuhn, T. S. pág. 179 en Guarneros, 2020).

Y, ojo, no sólo los científicos ven influenciada su mirada (las lentes) a través de un paradigma, sino tú y todas las personas en general.

Cuando incorporas un paradigma (lo tengas consciente o no) estás sesgando (por las gafas que traes puestas) o inclinándote por una forma particular de ver las cosas. Dicho de forma coloquial: "cada cabeza está siendo un mundo", pero muchas veces las personas se resignan y no emplean un pensamiento crítico para cuestionar si le sigue siendo útil la forma en que está viendo.

Franz Boas, antropólogo estadounidense de origen alemán es responsable de acuñar la palabra *Kulturbrille* o "gafas de la cultura", "un término que se refiere a las `lentes´ a través de las cuales vemos nuestros propios países. Nuestra *Kulturbrille* nos permite dotar de sentido a la cultura en la que habitamos, pero estas mismas gafas pueden cegarnos hacia otras cosas que los de fuera perciben inmediatamente" (Lindstrom, M. 2016, pág. 32)

Por otra parte, te cuento que Gregory Bateson fue un precursor constructivista cuando señaló que no vemos el mundo como es, lo vemos como somos nosotros. (Guarneros, 2020, pág. 36)

Quiero decirte con esto, que no pases por alto que la forma como ves. Las grandes innovaciones han requerido probarse diferentes gafas para mejorar la perspectiva, mejorar la visión, evitar el desenfoque, ver distinto, o para ver lo que había sido invisible ante nuestra mirada.

Sólo dejarás huella en tu recorrido personal y profesional, si cuestionas lo que nos dicta la lógica tradicional aristotélica basada en el presupuesto de "verdadero o falso", en el principio de "tercero excluido" o en el principio de no contradicción.

Cómo te explicas las "ilógicas" y "contradictorias", pero exitosas innovaciones depositadas en estos ejemplos descrito en el libro "El dado de 7 caras":

Cultivos de hortalizas sin tierra.
Libros sin papel.
Mingitorios sin agua.
Prendas de vestir fabricadas con desechos de PET.
(Valdés, L. 2016, págs. 17-18)

"Necesitamos un nuevo modo de pensar para resolver los problemas causados por un viejo modo de pensar"
Albert Einstein

Afortunadamente, en la época que ahora nos toca vivir, en el espíritu actual, existen remotas posibilidades de que te lleven a la hoguera por "pensar fuera de la caja", por ver distinto. Pero ya desarrollaré más adelante, con mayor detalle el apartado referente a la habilidad H7: Creatividad.

El paradigma de la era industrial sigue influyendo sobre la forma como miran la realidad muchas personas, inconscientemente ven partes inconexas, aisladas entre sí. Si todo estuviera aislado, fragmentado y funcionando de manera lineal, no estaría siendo tan efectiva la propagación de los contagios en la pandemia.

El físico David Bohm, antiguo colaborador de Einstein, junto con el doctor investigador David Peat coinciden en que "(...) al explorar los recursos de manera fragmentaria, la sociedad ha causado la destrucción de bosques y tierras de cultivo, ha creado desiertos e incluso amenaza con el deshielo de las capas polares" (2007, pág. 21-22), no se ha mirado el mundo de forma integral, sistémica, sino a través de disciplinas aisladas. Lo anterior en la práctica más o menos funciona así: "esto pertenece exclusivamente a las ciencias naturales, y no a las ciencias sociales, ni económicas, ni del comportamiento".

Digamos sí, a la inteligencia que lleva a lo disciplinar a la especialización, sin embargo, adicional debe desarrollarse una inteligencia global que comprenda la totalidad construida por interacciones, las cuales estarán determinando, en mucho, la calidad y cantidad de los resultados.

Fragmentar quiere decir: romper o dividir. La "fragmentación tiene lugar cuando se intenta imponer divisiones de manera arbitraria, sin ninguna consideración por un contexto más amplio, incluso hasta el punto de ignorar conexiones esenciales con el resto del mundo" (2007, Bohm, D. y Peat, F.D. pág. 25).

Mira el velocímetro del auto cuando conduces, pero también ve lo que sucede a la distancia.

Empieza a ser más evidente y necesario que comprendas que los actuales problemas deben ser diagnosticados y solucionados, no sólo desde una disciplina en particular, sino desde todas aquellas disciplinas que puedan ayudar a entender e intervenir nuestra realidad.

El científico Rolando García ya decía que, en situaciones complejas, "una predicción no puede estar basada en nuestro conocimiento de una sola rama de la ciencia" (García, R. 2013, pág. 30), es decir, no es ver una sola disciplina para cada problema, sino ver los problemas desde las diferentes disciplinas que están en juego.

"Cualquier objeto de estudio pierde sentido si se le observa al margen de su entorno, pues sus interacciones son quienes lo definen"
Niklas Luhmann

Ahora, el propósito no es "(...) desaparecer las disciplinas, sino como dice Sergio Krupatini (2011) la intención es, facilitar que los involucrados (...) puedan ganar en grados de libertad para plantearse con más profundidad una serie de preguntas tales como:

¿Cuál es el sentido de lo que hacemos?
¿Cómo nos relacionamos con el mundo?

¿Cómo podemos ganar en efectividad y sustentabilidad en las respectivas áreas en que nos desenvolvemos a fin de poder encarar cambios graduales y realistas?" (Guarneros, 2020, , pág. 38)

"La humanidad está ante una encrucijada desgarradora: evolucionar o morir"
Eckart Tolle

En esta época, sigue prevaleciendo la idea más de linealidad, y menos la concepción de interacción en red, la cual se caracteriza por las múltiples opciones de relación involuntarias y voluntarias. Un pensamiento en red integra, y reduce la posibilidad de dejar fuera elementos importantes en un proceso, tanto para su comprensión como para su posible mejora.

Dentro de la concepción cartesiana de dualidad, se plantea la escisión de la totalidad no sólo a nivel conceptual, sino también en la práctica cotidiana.

La fragmentación tiene "su origen en la manera general en que los seres humanos perciben y actúan, no sólo como individuos sino, y más importante, en un nivel social organizado" (2007, Bohm, D. y Peat, F.D. pág. 30)

Tener una postura muy rígida basada en el modelo de la era industrial, dificulta ver o descubrir las actuales o potenciales articulaciones entre elementos en apariencia incongruentes e inconexos, además, impide ver las afinidades entre los diferentes intereses personales (y sí los hay, al menos todos queremos mejorarnos, prosperar, estar en armonía, ser felices), y dificulta percibir las interacciones actuales o potenciales (intercambios de beneficios mutuos).

Al respecto la interacción produce vida. Y bajo esta afirmación lo que tiene vida es exitoso, llámese seres humanos, plantas u organizaciones, y lo anterior es por que mantienen el *sentido* entre las partes que conforman el todo. Nos corresponde comprender esta nueva realidad y participar, CoOperar, colaborar. Trabajar juntos para descubrir oportunidades y hacer que surjan nuevas propiedades antes inexistentes.

"La humanidad es como un niño que crece y descubre con estupor que el mundo no se reduce al cuarto donde duerme y al espacio donde juega, sino que es vasto y está lleno de cosas e ideas que desconocía y puede conocer"
Carlo Rovelli

Ahora, en el siglo XXI los datos (sumaremos la información y el conocimiento, todos de naturaleza intangible) son la principal **M**ateria prima, los sistemas inteligentes (software, hardware, inteligencia artificial, entre otros) son las actuales "**M**áquinas" (¿y los engranes?), y el **M**odelo de negocio principal son los servicios (o mejor las experiencias) y soluciones basados en gran medida en la gestión de intangibles.

¿Vamos claros? ¿vamos bien?

Puedes observar que durante los siglos XIX y XX "se privilegiaba el uso y producción de tangibles, ahora los principales recursos y sus soluciones son destacadamente de naturaleza intangible: datos, información, comunicación y conocimiento, percepciones" (Guarneros, 2020 pág. 12) y experiencias, las cuales deben gestionarse correctamente.

(Dato importante: la comunicación es común a todas las ciencias, ni una puede existir sin la comunicación. La comunicación es la única actividad que permite coordinar otras actividades).

La sociedad de la información y del conocimiento es el paradigma que te está tocando vivir, y dentro del cual tendrás que habilitarte para sacar lo mejor de él.

Hemos pasado de una era de los cables visibles, a una era de las conexiones invisibles.

¿Sabías que algunos modelos de autos de última generación ya no requerirán ser llevados al taller para reparar algunas fallas, o para recibir su servicio correspondiente?

Ahora casi todo será a distancia, y sin cables, será como realizar actualizaciones tu celular, es decir, los autos se repararán (actualizarán) sin que los tengas que llevar físicamente.

Por otro lado, las generaciones "Y" y "Z", son la generación "táctil", en cambio mi generación (yo soy "X" men), es la generación de la "percusión". Mis contemporáneos y yo requeríamos más fuerza física para llevar a cabo casi todas nuestras actividades, ahora usas menor fuerza física.

¿Ejemplos?:

Antes, para redactar un mensaje en una máquina (mecánica) de escribir, necesitabas de unos dedos suficientemente fuertes para golpear por varios minutos las teclas, y debías imprimir mayor energía si querías que se marcaran bien las letras sobre el papel. Ahora, ¿cuánta fuerza necesitas ejercer para redactar un mensaje en tu Tablet? Te confieso que muchas veces me he descubierto, percutiendo, casi "martillando" con los dedos la pantalla de mi Smartphone.

En mi juventud, hacer la despensa, necesariamente requería mayor esfuerzo físico, pues tenías que desplazarte físicamente al súper, ahora basta descargar la aplicación y teclear desde tu celular los productos que quieres que te lleven a casa.

Hoy, crear un librero requiere menos esfuerzo físico y menos herramientas (ya no serruchos, ni martillos, ni lijas, ni pegamentos). Me refiero a que ahora sabes en dónde puedes comprar lo que tú convertirás en un librero, ya está empaquetado con las piezas listas para que llegando a casa cumplas tu fantasía de haber creado tu propio librero.

Esto que voy contándote tiene características de la época que estamos, y seguiremos viviendo.

El autor Chris Anderson habla sobre la cultura o movimiento "Maker", el diseño DIY (Do It Yourself). Dicho movimiento "comparte tres características:

1. Gente que usa una caja de herramientas digitales para diseñar nuevos productos y hacer de ellos prototipos ("DIY digital").

2. Una norma cultural para compartir esos diseños y colaborar con otros en comunidades en línea.

"El individuo realmente sabio es aquel que entiende que puede haber algo importante que aprender de cualquier otro ser humano"
David Bohm, David Peat

3. Utilizar estándares de diseño de archivo comunes para permitir que todo el mundo, si lo desea, pueda enviar sus diseños a servicios comerciales de fabricación para que los produzcan en el número que sea, con la misma facilidad que tienen ellos para fabricarlos en sus ordenadores de sobremesa. Esto acorta radicalmente el camino que va desde la idea del espíritu empresarial, igual que hizo la Web con el software, la información y los contenidos" (2013, pág. 39)

Y justo, el movimiento maker llegó a niveles altos en el entorno de mayor confinamiento que vivimos en 2020, era común que, con ciertas tecnologías (las cuales cada vez serán más accesibles, como las impresoras en 3D) las personas hicieran prototipos y hasta productos terminados como caretas para protegerse de los contagios, entre muchos otros.

Así mismo, los hábitos culturales en torno a los medios tradicionales de difusión masiva, que creíamos desaparecidos regresaron durante el confinamiento.

Uno de muchos ejemplos, es que nuevamente los miembros de una familia completa que habitan la misma casa se reunieron alrededor de la pantalla (antes televisor), todos “alrededor de la fogata para escuchar historias”, se puso una pausa a la cultura del self (mi música, mis películas, mis contenidos, por mucho este fenómeno fue inaugurado por el icónico Walkman). En realidad, nada se ha ido por completo.

Al respecto el autor Román Gubern en “La mirada opulenta”, analizaba que, en décadas pasadas, el televisor, como principal centro de atención, determinaba la forma en que se disponían los muebles en la casa, todo quedaba acomodado de acuerdo con el lugar que ocuparía “la tele”, según ésta se ponían los sillones, las mesas, los libreros, etc. También Gubern destacó que el televisor servía como un acompañante, pues éste comúnmente se encendía durante las actividades domésticas.

Es un hecho que hoy sin los datos, la información y la comunicación, reitero todos de naturaleza intangible, el mundo no pudo haber continuado tras este bache epidémico (lo digo casi de manera literal).

¿Cuántas de tus actividades diarias podrías haber realizado sin la ayuda de esos intangibles?

¿Pudieras haber continuado con tus actividades escolares, tus actividades laborales, y con muchas otras ocupaciones individuales y sociales?

Es decir, ¿cómo hubieras seguido a distancia tu curso de administración, de mercadotecnia, de psicología, de contabilidad, de derecho o de microbiología?, ¿cómo hubieras realizado el seguimiento a tus clientes?, ¿cómo le hubieras hecho saber a tus amigos y familiares que seguías al tanto de ellos?

Hubiera sido más difícil preparar tus alimentos, y al mismo tiempo pasar horas familiarizándote con el manejo de las video llamadas, sin las aplicaciones de "delivery" y del supermercado

Si lo anterior ha sido parte de tu experiencia, tendrás que estar profundamente agradecido, pues, según el INEGI (en la Encuesta Nacional sobre Disponibilidad y Uso de Tecnologías de la Información en los Hogares, 2019), 34.4 millones de personas mayores de 6 años en México (cerca del 30% de la población) aún no son usuarios de la Internet.

Y, desafortunadamente las personas con un nivel sociocultural menos favorecido "no tuvieron el lujo de quedarse en casa", tuvieron que salir a buscar ingresos para cubrir sus necesidades diarias, otro motivo más para seguir agradeciendo, y para que termines de comprender, por qué tú estás en mejores condiciones de llevar a cabo la transformación, y de desarrollar nuevas habilidades.

"La transformación individual sería la clave de la transformación colectiva"
Claudio Naranjo

Ante esta nueva oportunidad debemos recurrir a un enfoque complejo, multidimensional, no sólo disciplinar, pero siempre con un sentido ético como base de sustentación.

Es innegable que esta nueva realidad, este nuevo mundo, esta nueva oportunidad, requiere que te equipes con habilidades personales y profesionales pertinentes, efectivas y eficientes, las cuales enriquezcan tu propia vida y la de los demás.

Y, así las cosas, lo que te he comentado hasta aquí conforma el actual "espíritu de la época", o Zeitgeist, expresión alemana (*Geist* que significa espíritu y la palabra *Zeit* que significa tiempo) utilizada para referirse al clima cultural dado en una determinada época.

Esta palabra también fue adoptada por un movimiento, el Movimiento Zeitgeist que es un grupo activista creado en 2008, cuya función es apoyar un sistema de economía planificada a nivel mundial, en el cual los recursos no deben ser administrados por hombres que únicamente busquen intereses personales, sino por tecnologías que contribuyan a reducir la contaminación ambiental y promuevan la sustentabilidad de las especies.

Por cierto, existe un día del movimiento Zeitgeist celebrado a mediados de marzo en todo el mundo.

Derivado de la pandemia, y conformando el espíritu actual de nuestra época, además se ha explorado volver a lo esencial, "back to the base", por ejemplo, buscar producir y consumir aquello que está menos procesado, que sea más barato y sano (¿tu propio huerto?). Se ha despertado cierto interés por vivir con lo básico indispensable, aligerar el equipaje.

Entonces, ¿acaso se ha replanteado el sentido que se tenía sobre la abundancia?

Jeremy Rifkin en *La sociedad de costo marginal cero*, establece que: "Lo que genera un exceso de consumo es la escasez, no la abundancia. En un mundo en donde las necesidades materiales de todos se vean satisfechas, el miedo a pasar privaciones se desvanece. El deseo insaciable de acaparar y excederse pierde gran parte de su poder y lo mismo sucede con el deseo de apoderarse de lo ajeno" (Rifkin, pág. 350)

Lynne Twist, nos dice que "dentro del caudal del exceso todo va perdiendo valor. Así es como nos vamos sintiendo menos valiosos y con la sensación de que debemos adquirir más" (2013, pág. 116)

"El sentimiento de carencia que se anida en las profundidades del ego le hace reaccionar frente al éxito de los demás como si ese éxito `me lo hubieran arrebatado a mí´. No sabe que resentir el éxito de los demás limita sus propias posibilidades. A fin de atraer el éxito es necesario acogerlo donde quiera que ocurra" (Eckart, T., págs. 118-119)

Y, ¿qué opinas de esto que también dice Lynne Twist? "Hay un nivel en donde tener más de lo que necesitamos se convierte en una carga".

Y ella misma expresa que: "Todo lo que nace de la tierra crece en su justa medida y después se detiene. El planeta no se hace más grande, se mejora. Sus criaturas aprenden, maduran, se diversifican, evolucionan, crean asombrosas bellezas, novedades y complejidades, pero viven dentro de límites absolutos" (2013, pág. 99) ¿Esto tiene sentido para ti? En la H:10 Inteligencia financiera veremos opciones de cómo administrarte mejor.

En la sociedad de la información y del conocimiento, la mala información, o información errónea que se comparte, produce por una parte abundancia patológica y por otra, carencia, escasez de sentido.

Por qué debes saber, que todos los procesos en la vida, desde los que suceden en tu cuerpo para que te mantengas vivo, hasta los que se realizan en una estrategia comercial implican información y comunicación. Por que la calidad de la información y de la comunicación serán fundamentales para el éxito de cualquier proceso.

Las enfermedades muchas veces se presentan por información incorrecta comunicada por nuestro cuerpo, un ejemplo, es la reproducción en abundancia (no hay información adecuada de que ya es suficiente) de células que generan tumores.

En el actual contexto, ¿qué hay sobre la tan buscada felicidad dentro?, la cual consciente o inconscientemente a cualquier ser humano le resuena el motivo por el cual estamos aquí: lograr ser y estar plenos.

Como bien lo dice el Dalai Lama en "El libro de la alegría": "Somos siete mil millones de seres humanos; nadie quiere tener problemas o sufrir y, sin embargo, vivimos rodeados de problemas y de sufrimiento, que, la mayoría de las veces, hemos creado nosotros mismos" (2021, pág. 48)

Por su parte, Erich Fromm en "Del tener al ser. Caminos y extravíos de la conciencia" menciona que: "La gente está confusa e insegura, busca respuesta que le proporcionen la alegría, la tranquilidad, el autoconocimiento y la salvación, pero quiere además que sean fáciles de aprender, que exIJan poco esfuerzo o ninguno y que den rápidos resultados" (1992, pág. 28)

Al respecto dice Desmond Tutu que: "La mayoría de nosotros intentamos evitar el dolor. Y las madres, en cambio, saben que van a sufrir, que van a experimentar la agonía que supone dar a luz. Pero lo aceptan".

De manera involuntaria la COVID 19 vino a poner una pausa mundial, ¿dolorosa?, sí, ¿necesaria?, muy probablemente también.

Sería lamentable que no estemos aprovechando las enseñanzas de este bache en la historia de la humanidad, que no salgamos más conscientes y fortalecidos de esta difícil experiencia.

El Dalai Lama asegura que: "La alegría es algo distinto de la felicidad. Cuando uso la palabra "felicidad", en cierto sentido lo que quiero decir es "satisfacción". (Dalai Lama y Tutu, D., pág. 53)

¿Tu alegría personal se refleja en tu éxito profesional?

"Seguramente no hay momento más feliz que el nacimiento y, sin embargo, pasamos buena parte de nuestra vida sumidos en la tristeza, el estrés y el sufrimiento"
Desmond Tutu

En "El arte de estar bien", Jorge García hace una distinción entre la felicidad y el placer. La felicidad, dice "tiene mucho más que ver con la paz y con las condiciones espirituales y materiales satisfactorias para todos, con las cualidades humanas positivas, como es la ayuda a los otros y el trabajo altruista (...) El placer está sujeto a las vicisitudes del mundo externo y depende totalmente de que se satisfagan nuestros deseos de todo tipo" (2007, pág. 62)

"El placer es como una vela que se agota en su mismo disfrute"
Dalai Lama

Y agrega García que la felicidad "puede ser definida como el estado mental basado en la paz y la tranquilidad interna, y que refleja una sabia capacidad para evitar la resistencia al flujo de cómo son las cosas en la realidad" (2007, pág. 63)

Es sabido (aunque gran parte del tiempo lo tenemos en el olvido) que la felicidad requiere del dominio de los pensamientos negativos, implica ser muy conscientes (H3: Autoconciencia) de lo que estamos pensando, de la calidad de nuestros pensamientos. Y aquí está el tema de que la alegría y la felicidad son estados internos, y el placer se encuentra más en las experiencias sensitivas. No cabe duda de que las compras, y no es que esté mal hacerlas, producen mucho placer, aunque sea de corta duración.

Para ir cerrando este apartado, entre las problemáticas, pero también entre las oportunidades que se nos presentan en nuestra época podemos listar las siguiente:

- Se ha desarrollado mucha atención por la limpieza e higiene personal y de los lugares/espacios privados y públicos.

- Se empieza a ver mal la corrupción, las grandes injusticias y las marcadas desigualdades. Tres valores se están convirtiendo en termómetros personales y sociales: confianza, credibilidad y transparencia. Por eso la ética será el mejor negocio, quien no sea percibido (personas y organizaciones) como alguien confiable, creíble y transparente estará en desventaja.

Avanzar con ética, desarrollar un alto nivel de autoconciencia (H3), ejercitar la imaginación (H7: Creatividad), actuar con amor, practicar la empatía, aprender paciencia, entre otras cualidades de naturaleza intangible, paradójicamente te traerán riqueza.

"Buda dijo a sus seguidores que cualquier cosa a la que eligieran brindar su atención, amor, apreciación, escucha y aprobación, crecería en su vida y en su mundo"
Lynne Twist

- Ha sufrido gran impacto, el tema de nuestra movilidad (por algún tiempo restringida al interior de nuestras casas), hay quienes especulan que los viajes largos, de grandes distancias, tanto nacionales como internacionales, dejarán de ser de negocios, y sólo serán de placer. De aquí la importancia de desarrollar y potenciar tu H9: Habilidad digital.

- Existe una auténtica preocupación y urgencia por detener el cambio climático en gran parte de la sociedad. Por desarrollar visiones y acciones más integrales (H1: Integrar/relacionar)

Los LOHAS (Lifestyles of Health and Sustainability), personas que eligen llevar un estilo de vida sano y sostenible, "interpretan la salud de otra manera; ya no sólo es la ausencia de enfermedades, ahora se enfoca al bienestar completo" (Wenzel, E., Kirig, A., Rauch, C. 2009, pág. 108). Estar sano incluye un mundo sano, un todo sano.

Al respecto existen proyectos totalmente sustentables llamados Eco-ciudades. Puedes echar un vistazo a Dongtan City.

- La educación formal (académica) es necesaria pero ya no es suficiente para obtener las mejores oportunidades. Es necesario conocer y aprender habilidades no sólo escolarizadas para mejor vivir en lo personal y en lo profesional. Recuerda que durante este libro verás esas habilidades muy necesarias, y además de conocerás el modelo para el desarrollo de tu estrategia personal, y también lo podrás aplicar.

Hasta aquí, una breve aproximación a nuestra situación actual y al espíritu de nuestro tiempo.

Haber hecho este recorrido te permitirá comprender y tener presentes algunos aspectos de suma importancia para avanzar en esta época: el mundo se mueve cada vez más a través de intangibles; el mundo y la vida en general funcionan a partir de interacciones (comunicación) a diferentes niveles; los grandes problemas no se podrán resolver con visiones lineales y fragmentadas, sino con visiones en red que busquen conectar e integrar. Y por supuesto, "sin estrategia no hay paraíso".

A mayor conciencia sobre el mundo que habitas, mayores posibilidades de tener una mejor estancia en él.

"Los cambios de conciencia no se han producido de una manera mecánica o lineal. Se han dado regresiones y períodos de oscuridad donde una forma de conciencia se ha reprimido y ha caído en el olvido para ser redescubierta más adelante. Los renacimientos italiano y nórdico son buenos ejemplos de este redescubrimiento de formas de conciencia pretéritas".
Jeremy Rifkin

Una vez revisada la situación actual, es decir, el contexto en el cual nos encontramos, sigamos adelante para desvelar otras lentes más útiles que te dejen ver y te permitan intervenir con mejores resultados tú nueva realidad.

2. AJUSTA TUS LENTES. UNA FORMA ADICIONAL DE VER Y ENTENDER TU REALIDAD

"La relación que mantenemos con las circunstancias determina la influencia que tienen sobre nosotros. El mismo viento que empuja un barco al puerto puede arrastrar a otro mar adentro"
Christian Bovée

Lo que he querido decirte hasta ahora, es que vivimos en una realidad que por naturaleza es compleja, es decir, cada vez hay más elementos e interacciones en juego, y para vivir mejor debes tener esto presente, hacerlo consciente, interiorizarlo, vivirlo. Para ello tienes que cambiar de lentes. Pero vamos por partes.

A estas alturas con lo que hemos visto "decir que estamos experimentando un cambio de era es afirmar que tanto nuestros métodos para intentar comprender el mundo como nuestra comprensión real del mismo están pasando por transformaciones fundamentales y profundas" (Ackoff, R. L. 2012, en Guarneros, 2020, pág. 40)

La promesa que plantean las ciencias clásicas en cuanto a dar certezas, respuestas y soluciones absolutas, cada vez tienen menos pertinencia y efectividad.

Una concepción adicional a las ciencias clásicas es "indisciplinar las ciencias y sus métodos para que emerja la complejidad. Una mirada científicamente unidimensional –entiéndase disciplinar- tampoco tiene cabida ante la complejidad de la vida y sus acuciantes interpelaciones. En definitiva, desde la complejidad la ciencia adquiere nuevos matices" (Elizalde, O. 2013 pág. 51).

Siguiendo la idea anterior, Maldonado (2010 pág. 52) plantea que "(...) las ciencias de la complejidad, como ciencias de punta, "buscan correr las fronteras del conocimiento; es decir, ampliar el perímetro, y por consiguiente el área del conocimiento".

Ahora se dice que el mundo es cada vez más complejo, ¿lo has escuchado además de en los párrafos que aquí has leído? Sí, el mundo es muy complejo. Pero ante esto podemos y tenemos que estar mejor preparados. Puedes responder de mejor manera ante la complejidad.

La visión fragmentaria nunca podrá afrontar los problemas que actualmente estamos viviendo, se requiere una mirada más integral.

Lo siguiente es preparar esas lentes para que enfoques mejor, a partir de tres principales ingredientes: el primero te ayudará para que no limites y estereotipes tu visión; el segundo te será útil para que comprendas por qué la complejidad no necesariamente es tu enemiga, y el tercero para que tengas referentes estratégicos y gestiones mejor tus intervenciones.

"Los grandes artistas en todas las profesiones invierten incontables horas trabajando en los fundamentos básicos"
Zig Ziglar

Vamos con el primer ingrediente.

No existe una realidad única, sino muchas realidades subjetivas que cambian de acuerdo con el punto de vista personal. Hay muchas maneras de ver e interpretar el mundo.

Queda implícita la posibilidad de ser más efectivos y eficientes, viendo desde otros ángulos y haciendo las cosas de forma distinta. Está claro que la forma en que percibes determinará más adelante tus acciones sobre cierta situación.

Entonces este primer ingrediente, es el "**constructivismo**", el cual nos dice que no existen realidades absolutas, nada está determinado y esto nos permite ser flexibles, no "casarnos" con un solo tipo de conocimientos, pues la vida es muy dinámica. Nuevos enfoques, no llevarán a nuevas posibilidades.

Te imaginas seguir restringido por el conocimiento que se tenía en la edad media acerca de que era imposible que los seres humanos pudiéramos volar por los cielos. Una postura constructivista en cambio nos dice que existen infinitas posibilidades.

El constructivismo ha enfrentado críticas desde sus inicios. Ernst von Glasersfeld hace referencia a la resistencia que se produjo hacia el primer constructivista llamado Giambattista Vico "no tanto por que su argumentación presentara lagunas o incongruencias sino más bien a causa de la justificable sospecha de que el constructivismo pretende enterrar una parte demasiado grande de la cosmovisión tradicional" (en Watzlawick, P. y otros 1994 pág. 20, en Guarneros, 2020, pág. 45). Sí, el constructivismo es disruptivo, no conformista, y no determinista.

Una postura constructivista permite lo que establece por ejemplo Joe Dispenza (2019, pág. 100): "en cuanto tienes un nuevo pensamiento, cambias por tanto a nivel neurológico, químico y genético. De hecho, al aprender, pensar y experimentar cosas nuevas, creas miles de nuevas conexiones en cuestión de segundos (...) Ocurre al cambiar tu mente, es el poder de la mente sobre la materia".

Una visión, a través de unas lentes con el ingrediente llamado constructivismo, deja atrás la forma tradicional de ver, de comprender y de actuar, e imprime frescura, libertad, posibilidades y novedad.

De acuerdo con Edgar Morin "el paradigma cartesiano, basado en la razón y legitimado en cuanto a su capacidad de conocer y dominar a la naturaleza, separa el conocimiento del sujeto que lo produce, nos dice que el mundo se encuentra ordenado y por ello lo podemos conocer si lo analizamos por partes, esto hace que desde la base del edificio de la ciencia construido con esta experiencia, se encuentre la mono disciplina, o mejor dicho las disciplinas separadas" (Edgar Morin expresado en el sitio web edgarmorinmultiversidad.org)

Se trata de ir más allá de las ciencias y conocimientos clásicos para lograr ver lo que antes nos era invisible.

El físico italiano Carlo Rovelli nos explica que la ciencia "es una exploración continua de formas de pensamiento. Su fuerza es la capacidad visionaria de superar ideas preconcebidas, desvelar nuevos territorios de lo real y construir imágenes del mundo más precisas. Esta aventura se basa en todo el conocimiento acumulado, pero su alma es el cambio. Mirar más lejos. El mundo es ilimitado e iridiscente; queremos verlo".

Y agrega que estamos inmersos en el misterio y la belleza de nuestro planeta, "y al otro lado de la colina hay territorios que siguen sin explorar. La incertidumbre en la que nos hallamos sumidos, la inseguridad que nos causa estar suspendidos sobre el abismo inmenso de lo que no conocemos, no hacen que la vida sea aburrida: hacen que sea preciosa" (Rovelli, C. 2016, Pág. 11 y 12)

Supongo que ya caíste en cuenta de que lo que hemos estado haciendo, es eso que se denomina "fundamento epistemológico", "epistemología". Creo que en general, esta es una de esas palabras que tratamos de evitar, de darles la vuelta. Sin embargo, como estás viendo, tienen un sentido finalmente práctico, aunque no lo tengamos registrado y consciente en nuestro lenguaje cotidiano.

La epistemología ayuda a observar de manera crítica, a poner en tela de juicio los conocimientos, las visiones y paradigmas de en determinado momento, para después sustentar en este caso una nueva forma de comprender (con nuevos enfoques y conocimientos) la época que estamos viviendo. De ahí que la epistemología estudia los fundamentos, la naturaleza y la validez del conocimiento.

La promesa que plantean las ciencias clásicas en cuanto a dar certezas, respuestas y soluciones absolutas, cada vez tienen menos pertinencia y efectividad en el mundo que estamos habitando.

Palabras de nueva creación como "neuroplasticidad", surgen precisamente a partir de poner en duda, de cuestionar conocimientos existentes.

El neurocientífico Richard J. Davidson explica acerca de la neuroplasticidad que es la capacidad de nuestro cerebro (OJO, esto parecía una barbaridad visto a través otras lentes, de otros paradigmas) "de cambiar su estructura y los patrones de actividad de manera significativa, no sólo durante la infancia, lo que sería muy sorprendente, sino también en la edad adulta y, en general, a lo largo de toda la vida. Ese cambio puede producirse como consecuencia de las experiencias que tenemos y de la actividad puramente mental, es decir, de nuestros pensamientos" (Davidson, R. pág. cap. 8)

Ahora se ha descubierto (científicamente) que si imaginas, sin distracción, con disciplina, con emoción, y muy concentrado, que estás ejercitando tus bíceps (mentalmente) con el tiempo realmente se fortalecen tus músculos, casi igual a que si los hubieras ejercitado físicamente. ¿Cuál sería el primer paso para que tú lo logres?, cambiar tu forma de ver, cambiar tus lentes.

"Cualquiera que quiere vivir en un mundo mejor necesita estar dispuesto a cambiar"
John C. Maxwell

Joe Dispenza ha difundido esto, que pone en duda lo conocido hasta ahora acerca de genética: "La mayoría de la gente tiene la falsa idea de que nuestro destino genético está determinado y que hemos heredado los genes que nos hacen vulnerables (a determinadas enfermedades) (...) Nos han programado para creer que somos víctimas de nuestra propia biología y que nuestros genes, además de tener un poder decisivo sobre nuestra salud, bienestar y personalidad, dictan incluso nuestros asuntos humanos, determinan nuestras relaciones interpersonales y prevén nuestro futuro." (Dispenza, J. 2019 pág. 124)

En fin, aquí el asunto no es si es verdad o no lo dicho hasta aquí, sino que tú lo compruebes. El ejercicio más próximo a ti, es que veas como funcionan las cosas poniendo tu mejor actitud o la peor ante una situación específica. ¿Habrá diferencia en tu vida?

"Las cosas son como son". Lo que te hace sentir bien o mal, no es la situación en sí misma, sino cómo la interpretas, con qué actitud la asumes.

¿Crees que tu actitud influirá en la forma cómo transites esta nueva realidad, esta nueva oportunidad?

"Sé el cambio que quieres ver en el mundo"
Gandhi

Aquí uno de los puntos principales que fundamenta la tesis del llamado constructivismo radical:

"No hay objetos, observaciones ni leyes de la naturaleza independientes de los observadores" (González, R. pág. 30). De aquí que tú veas lo que quieres o puedes ver de acuerdo con tu conocimiento y experiencias.

Ahora, echemos un vistazo a otra de esas palabras que la mayoría podría llevarla a la lista de palabras para nada "sexys", esta es: "teoría".

El historiador y filósofo de la ciencia Russell Hanson (1958) acuñó la siguiente expresión: "Toda experiencia está cargada de teoría".

¿Qué sentido tiene esa expresión? Que en realidad no "hay observables" de acuerdo a la psicología genética de Jean Piaget (por cierto, constructivista), esto es, que todo lo que percibimos implica una construcción previa por parte del sujeto que percibe.

Se han realizado muchos estudios que muestran que la percepción no es innata, sino que es aprendida, por ejemplo, un ciego de nacimiento que es operado de cataratas en la edad adulta tiene que aprender a interpretar formas, espacios, profundidades, etc. Carece de educación sensorial visual. Cualquier experiencia está cargada de teoría, se requieren de referentes y éstos determinan el cómo percibimos.

Rolando García agrega que: "Alguien que sepa poco o nada de psicología puede hoy (¡no en el siglo XIX!) `observar´ un `acto fallido´ cometido por su amigo. Que un error al hablar sea un `acto fallido´ supone, sin embargo, a Freud y a su teoría" (2013, pág. 42)

El mismo Hanson dice que: "El niño y el profano pueden ver: ellos no son ciegos. Pero ellos no pueden ver lo que ve el físico: ellos son ciegos con respecto a lo que éste ve. Nosotros podemos no oír que el oboe está desafinado, aunque esto sea dolorosamente obvio para un músico (...)" (García, R. 2013, pág. 41). Tómate tu tiempo para ir digiriendo, si fuera necesario.

Todo lo que hoy conocemos, lo aprendimos a percibirlo antes.

Este primer ingrediente: “constructivismo”, te permitirá ampliar tu visión, estar abierto a posibilidades, tan necesario en esta etapa que estamos viviendo. No olvides que hoy más que nunca “las verdades” son relativas, el conocimiento evoluciona rápidamente.

El segundo ingrediente es el aporte de la “**teoría de sistemas**”, y está íntimamente relacionado con la complejidad.

Te platico que en ocasiones este tipo de términos de inicio me parecían nada atractivos (se incrementa la lista de palabras nada sexys) y por lo mismo no me permitía acercarme a ellos. “No puedes amar aquello que desconoces”. Si no lo llegas a amar, al menos estoy seguro de que te será de mucha ayuda en esta nueva realidad. Vamos allá.

Para estar mejor parados, para comprender mejor y para influir sobre nuestro entorno de forma efectiva, eficiente y responsable (por supuesto rentable) tenemos que agregar a las llamadas ciencias clásicas, las ahora nombradas ciencias de la complejidad.

A las ciencias de la complejidad, dice Oscar Augusto Elizalde (2013 pág. 56), “se atribuye la aparición de nuevas racionalidades, desde la premisa de que, en realidad existe más de una manera de pensar y comprender el mundo y, por tanto, más de una manera de vivir. Las nociones de no-equilibrio o de caos, por ejemplo, abandonan las racionalidades clásicas, los movimientos mecánicos y los vuelven complejos.”

Tal vez escuchar "complejidad" te inquiete, y le quite lo divertido al asunto.

Existe un principio estructural y funcional que crea todo lo que conocemos en este mundo: los propios seres humanos, los animales, las plantas, las tecnologías, los grupos sociales representados en familias, en empresas, instituciones, los "social media", etc.

Ese principio, distinto a lo que creíamos, es un principio sistémico complejo, no lineal.

"Pensar en sistema es pensar en red. Sustituir las visiones lineales y parciales por el pensamiento complejo y holístico"
Joan Costa

En sentido general, entendemos por sistema a un conjunto de elementos organizados que interactúan (se comunican) entre sí para lograr un objetivo común.

¿Ejemplos?, sí, todos los que quieras. El mundo funciona así. Todo requiere organización (*estructura*) y colaboración entre las partes para que pueda cumplir sus propósitos, (para que cumpla su *función*), desde un "*simple*" cortaúñas, hasta una "*compleja*" nave de última generación que viaja a la luna.

Para ser más claros habrá que reconocer que existen sistemas simples y cerrados, y sistemas complejos y abiertos. ¿Cuáles son unos y cuáles son otros? En el párrafo anterior está la clave. ¿Ya la viste?

Me explicaré mejor. Y verás como conocer y aplicar esto, te dará ventaja en esta nueva realidad.

Lo que le da la característica de simple a un sistema, es la cantidad reducida de elementos que requieren estar organizados para su correcto funcionamiento, de ahí el ejemplo del "*simple*" cortaúñas. Lo simple no debe asociarse con fácil, o con algo sin importancia.

Un cortaúñas comúnmente contiene cuatro elementos: dos láminas de metal unidas por uno de sus extremos y por el otro se enfrentan láminas afiladas con un perno que sirve de eje para orientarlas bien, junto con una lámina más por encima de las otras dos que sirve como palanca para hacer el corte y cumplir su función.

Otro ejemplo de sistema simple es una bisagra, la cual articula dos piezas para permitir que gire una puerta o una ventana. Son pocos elementos interactuando entre sí para lograr su objetivo.

Simple: pocos elementos en interacción para lograr su cometido.

¿Y lo cerrado del sistema? Esto quiere decir que este sistema se agota en sí mismo, es decir, no requiere de elementos externos (en el caso de la bisagra sólo la puerta o la ventana mismas) ni de otros sistemas para funcionar. Así, el sistema de resorte de tu bolígrafo que te permite que ocultes y saques la punta para escribir es otro ejemplo.

Cerrado: en sí mismo se agota el sistema, no requiere de algo externo.

Y reitero que lo que le brinda la característica de cerrado a este sistema, es que no requiere de otros elementos externos al mismo, ni mucho menos requiere de otro sistema para completar su objetivo de cortar uñas, de abrir y cerrar puertas o de sacar y ocultar la punta de tu bolígrafo.

¿Y los sistemas complejos y abiertos? ¿Creo que ya sabes por dónde va este asunto?

Lo complejo de un sistema (estoy seguro de que lo puedes deducir) significa que el sistema requiere un número grande de elementos y de interacciones para cumplir sus funciones y lograr sus objetivos. ¿Cuántos elementos están en juego ahora en tu cuerpo para simplemente mantenerte con vida? ¿Uno, cinco, veinte? No, muchísimos: órganos, ligamentos, músculos, sangre, huesos, pensamientos, etc., etc., etc. Por eso, por mucho eres el rey de la complejidad.

¿Y lo abierto? Los elementos de los sistemas que componen la complejidad de tu cuerpo requieren de otros elementos, de otros sistemas y de otras interacciones para poder funcionar. Es un hecho que tu sistema cardiovascular con todos sus elementos no podría funcionar sin tu sistema digestivo, sin tu sistema nervioso, sin tu sistema respiratorio, etc. Como ser humano sigues siendo ejemplo de sistema complejo y abierto.

Asimismo, ¿cuántos elementos están en juego para que la nave, a la cual me refería arriba, se traslade a la luna?

Entonces, reiteraré que un sistema es complejo porque muchos elementos y muchas interacciones están en acción; y es abierto por que los elementos de un sistema requieren de otros elementos y de otros sistemas externos al mismo para cumplir los objetivos.

Como ves, un sistema complejo y abierto requiere de una correcta interacción con el entorno, con el cual se intercambiará (inputs/entradas y outputs/salidas) principalmente energía e información, por ejemplo, a tu propio ser ingresarás alimentos (entra energía) que te permitirá producir alguna actividad (sale energía), y también podrás identificar si algún alimento está en mal estado por su olor y apariencia (entra información) e impedirás que otra persona lo coma diciéndole del mal estado (sale información).

El ejemplo anterior se aplica a cualquier sistema, haz este ejercicio teniendo en cuenta la empresa en la cual trabajas (o la escuela a la cual asistes).

Qué energía e información entran y salen en la empresa en la cual trabajas. ¿Entra electricidad y sale servicio de WiFi, o entran cocineros y gas LP y salen tacos al pastor? O ¿entra información del mercado y salen innovaciones óptimas en los productos para ese mercado, o entra información financiera y salen nuevos planes para optimizar los recursos?

"Un sistema se comporta no sólo como un simple compuesto de elementos independientes, sino como un todo inseparable y coherente"
Paul Watzlawick

Rolando García menciona que: "Los sistemas complejos están constituidos por elementos heterogéneos en interacción -y de allí su denominación de complejos-, lo cual significa que sus subsistemas pertenecen a los `dominios materiales´ de muy diversas disciplinas." (2013, pág. 32)

Y agrega que: "Los sistemas complejos se comportan como `totalidades´ compuestas de subsistemas. Llamaremos *funcionamiento* del sistema al conjunto de actividades del sistema como un todo, y *función* a la contribución de cada elemento o subsistema al funcionamiento del sistema (...) lo que llamamos `sistema total, en un contexto dado de análisis, es también un subsistema de sistemas más amplios, dentro de los cuales puede desempeñar una o más funciones" (García, R. 2013, pág. 97)

"Para sobrevivir, cualquier organismo debe obtener no sólo las sustancias necesarias para su metabolismo, sino también información adecuada sobre el mundo circundante, comprendemos que la comunicación y la existencia constituyen conceptos inseparables"
Paul Watzlawick

Durante muchos años se ha representado metafóricamente un grupo social, principalmente a una empresa, a través de una máquina, en donde cada integrante es una parte, cumple una función dentro de la gran maquinaria.

Ahora vemos las limitaciones de esa analogía, pues las personas no somos piezas intercambiables, como sí lo son los engranes. Las personas somos seres humanos complejos (y a veces complicados).

Una metáfora más pertinente es la de un "organismo", y no el de una máquina, sí de "un ser vivo" lleno de complejidad, de sentido (el cual habrá que encontrar), y lleno de vida.

Nuestro cuerpo requiere energía principalmente a través de los alimentos, e información de diferente naturaleza principalmente sensorial: visual, auditiva, táctil, olfativa, gustativa, de orientación, etc.

Ya lo ejemplificamos líneas arriba, los sistemas complejos y abiertos llevan a cabo múltiples inputs y outputs, es decir, reciben y emiten. Reciben alimento, y una vez que absorben energía, y los nutrientes necesarios, se evacúan los desechos (no entraré en detalles).

Si tú eres parte de los denominados sistemas complejos y abiertos, por supuesto cualquier organización social lo es: una pareja, una familia, una pequeña o gran empresa. Y cada una de ellas pasan por un proceso de entradas y salidas, deseadas o no deseadas.

"Donde quiera que estemos siempre formamos parte de algo más grande"
Daniel Goleman

Es deseable que los inputs o entradas a una empresa (sistema complejo y abierto) sean de calidad, por ejemplo, que ingrese personal capacitado y honrado, que entren materias primas de calidad, que ingresen tecnologías limpias. También se espera la calidad de los outputs o salidas, como pueden ser de inicio los buenos productos que se saquen al mercado. Además, el sistema deberá detectar y evitar salidas indeseables como contaminantes hacia el ambiente.

Una organización, imagina un restaurante de hamburguesas, como sistema requiere ingresar (inputs) recursos de diferente naturaleza: recursos humanos (empleados), recursos financieros (créditos bancarios, ahorros personales), recursos materiales (carne, pepinillos, pan, aceite comestible, papas, parrillas, freidoras), recursos simbólicos (creencias, emblemas, logotipos, marcas) etc. Los outputs de este sistema principalmente serán hamburguesas y papas fritas. Pero todo sistema también produce salidas no necesariamente deseables como basura, desperdicios y humo.

Una visión más inteligente (sistémica) es reconocer que todo sistema tiene repercusiones sobre el entorno. Eso te permitirá imaginar y anticipar cómo producir menores daños como reciclar los desechos, por ejemplo.

Por otra parte, en un sistema cada elemento podrá influir en la totalidad del mismo. El éxito de la hamburguesería no sólo radica en el talento del cocinero, sino en la calidad de las materias primas, en la ubicación del restaurante, en la buena atención de los meseros, en la salud financiera del negocio, en la conservación y búsqueda de nuevos clientes, en la aceptación de los vecinos para que siga ahí el restaurante, etc.

Lo que quiero decirte es que un sistema se conforma de otros sistemas y subsistemas a su interior y también está determinado por sistemas del entorno.

Veamos el siguiente esquema:

Conciencia comunicativa (estructural/funcional) de la empresa

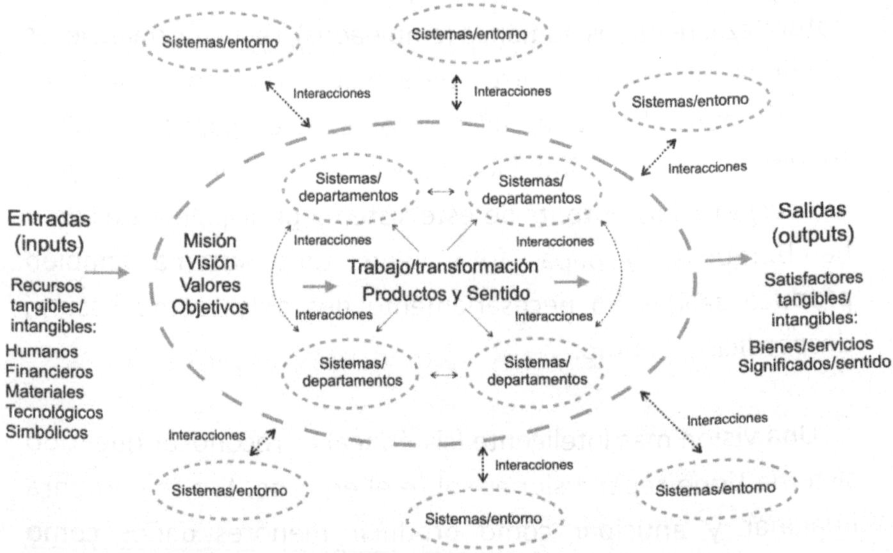

Adaptado de "Más competitivas que pequeñas. Imagen corporativa a la medida de su empresa" (Guarneros, 2013)

Como ya te lo anticipaba, los *inputs* serían: cocineros, meseros, personal de limpieza, contador, administrador, pero también dinero para mantener las instalaciones, para comprar carne, pan, aderezos, parrillas, gas, para pagar sueldos, para "brandear" las servilletas de papel, y las cartas del menú, etc.

Estos recursos a partir de ciertos *objetivos* por parte de cada departamento se trabajan y transforman para convertirse en ricas hamburguesas como *outputs* deseables, pero también en *outputs* indeseables como contaminación por basura, por aceite quemado, por el humo de las chimeneas, etc. Nada se puede mantener aislado, al final siempre existe interdependencia.

La factura que en su mayoría han dejado los modelos de producción de la era industrial se está pagando alta: contaminación, calentamiento global, explotación y deterioro de los recursos naturales, burnout (desgaste profesional), etc.

Una visión no sustentable, es resultado de una visión no sistémica. Es una visión ingenua, o, mejor dicho, irresponsable, ya que nada, ni nadie está ajeno a las acciones que realicen los demás.

Todo está interconectado con todo, y si un elemento del sistema falla, tarde o temprano afectará al sistema completo, a menos que se diagnostique y se gestione de manera correcta. ¿Cómo es que un elemento, una persona desencadenó una pandemia y puso en crisis a todos los seres humanos del planeta? Justo así es como funciona el mundo, y por eso debemos pensar de manera sistémica, anticipar hasta donde sea posible las consecuencias de nuestros actos.

Ciertas posturas actuales han recobrado visiones más holísticas para entender y comprender la realidad, y que eviten dividir, y aislar los hechos dejándolos inconexos.

Se dice que Koestler propuso el término holón, el cual "designa las entidades bipolares (las "partes" y "subconjuntos") en los niveles intermediarios de toda estructura. Estas entidades se pueden describir como totalidades y/o como partes". (Costa en Putnam, y otros 2002, págs. 88-89).

Holón paradójicamente significa al mismo tiempo todo y parte, dependiendo desde donde se le vea, y surge del griego holos que quiere decir todo, y el sufijo on denomina una parte. Una ciudad, por ejemplo, en sí misma es el todo, sin embargo, al mismo tiempo es una parte de una región más amplia.

"El concepto de holón tiene como finalidad conciliar la concepción holística y la concepción atomista. Todo organismo tiene que ser comprendido en tanto que una jerarquía de varios niveles de subconjuntos semiautónomos, ramificados en subconjuntos de orden inferior, y así sucesivamente." (Costa en Putnam, y otros 2002, págs. 88-89)

Y Krupatini (2011 pág. 26) concluye diciendo que "como estableció Henri Poincaré, las relaciones *lineales* y *no lineales* pueden coexistir, y un sistema puede ser simple y complejo al mismo tiempo." Es decir, se hacen necesarias visiones que integren.

Por otra parte, el Dr. Manuel Martín Serrano, teórico de comunicación, diferencia entre un sistema y un agregado, y lo explica de la siguiente manera:

"El término "sistema" cuando se utiliza para designar entidades reales, se opone al término "agregado". Un sistema y un agregado son igualmente conjuntos, es decir entidades que se constituyen por la concurrencia de más de un elemento; la diferencia entre ambos consiste en que el conjunto de los elementos de un sistema muestra una organización de la que carecen los elementos del agregado" (Martín Serrano, M. y Piñuel, J. L. 1982 pág. 76)

En otras palabras, un sistema requiere cierta coordinación y un sentido común entre los elementos del conjunto; por otra parte, un agregado al aspirar a ser un sistema, no lo logra, por carecer de organización y de razón de ser entre sus elementos.

Uno de los ejemplos que plantea este autor, para diferenciar un sistema de un agregado, es el siguiente:

Sistema: Una melodía.

En la cual cada nota organizada en un todo (la melodía misma) permite crear armonía y sentido en sí misma y ante nuestros oídos.

Agregado: Ruidos parasitarios en la radio.

Los cuales al no estar coordinados no permiten lograr armonía ni sentido ante nuestros oídos, son como ruidos deshilvanados e incongruentes entre sí.

Otra forma de ejemplificar las diferencias puede ser como sigue:

"Un grupo (en términos de Martín Serrano sería un "conjunto") de personas que aguardan el autobús no constituyen un sistema, como tampoco lo es una colección de relojes que hacen "tic-tac" en el mismo aparador. Cada parte de un sistema tiene una función dentro del mismo, y algunas de ellas deben diferir". (Ackoff, R. L. 2012 pág. 24).

Desde el punto de vista de Enrique Herrscher (2013 págs. 41-42) "la condición de sistema no es una cualidad intrínseca de la cosa, sino una actitud o apreciación de cada uno. Para el que considera que en la escuela suceden cosas que se relacionan unas con otras, que propenden a la formación de su hijo en forma articulada y con sentido es un sistema".

Y agrega Herrscher, que "en cambio, para quien opina que nada tiene que ver con nada, que falta un hilo conductor en el aprendizaje, que cada maestro vive en su propia nube y no se percibe un objetivo común, entonces es un mero conjunto de recursos humanos y materiales (maestros, tizas, ladrillos, algún otro libro), algo así como una mezcla de cemento, cal, arena y agua que no llegó a cuajar."

En este orden de ideas, tu labor es ver los fenómenos a través de una visión sistémica, esto te permitirá potenciar posibles sistemas, es decir, estarás en condiciones de ver las interrelaciones actuales o potenciales, y diseñar sistemas que trascienden los conjuntos sólo como agregados. Indiscutiblemente esto te otorgará una verdadera ventaja competitiva personal y profesional.

Siendo sistémico, en la planeación y después en la ejecución podrías fusionar hilos de colores (ojo: en un tejido, una red, no una linealidad) y crear una artística alfombra persa, o podrás diseñar la logística para una campaña de vacunación masiva, atando cada cabo para lograr que haya vacunas, pero también especialistas que las apliquen; y además, por obvio que parezca, al ver de manera sistémica, no pasarás por alto que se requiere un adecuado "stock" de jeringas.

Este segundo ingrediente que aporta la teoría de sistemas, te permitirá ver y comprender que los problemas y las oportunidades se podrán solventar mucho mejor. De nada servirá querer solucionar el problema de la pandemia si sólo se enfoca desde la medicina.

Como ya vimos, todo es interdependiente, ese problema mundial necesita de la economía, la psicología, la comunicación, la sociología, la administración, la antropología, la pedagogía, etc. para su solución.

Como dice Manuel Martín Serrano: "La metodología sistémica ha sido hecha para no confundir los agregados con los sistemas:

para no operar con agregados como si fuesen sistemas; para reconocer los componentes, identificar sus rasgos y relaciones distintivas".

> ***"La comprensión avanzada del todo a las partes, no de las partes al todo como ocurre en el conocimiento"***
> ***Russell Lincoln Ackoff***

Antes de pasar al tercer ingrediente, te platico brevemente que el Dr. Peter Senge del Instituto Tecnológico de Massachusetts utiliza un caso, el cual me permitirá ser más claro acerca de cómo tener un enfoque sistémico es de mucha ayuda en la práctica.

Una refresquera necesitaba identificar en dónde se estaba gastando una cantidad altísima de agua. Inició la investigación y ninguna de las hipótesis planteadas resultó exitosa. Se especuló que el desperdicio de agua sucedía específicamente en la producción de las gaseosas, o que se daba en los sanitarios, o en la limpieza de las máquinas y de los envases, etc.

Todas esas hipótesis se caracterizaban por el mero sentido común (el cual creo que sólo se debe utilizar en casos de emergencia, cuando no tengas tiempo de ver sistémicamente) y por relaciones lineales inmediatas, no de interacciones en red.

Senge tuvo que "entrar al quite", y a partir de un enfoque de sistemas, empezó a identificar las diversas interacciones, entre las diferentes partes del sistema total. ¿Sabes en dónde estaba el mayor consumo de agua?

En primer lugar, si se producen refrescos (bebidas gaseosas azucaradas), ¿cuál es una de las principales materias primas? Correcto... el azúcar. Bien, en segundo lugar, ¿de dónde se extrae el azúcar?, sí, de la caña de azúcar. Y, en tercer lugar, ¿cómo se mantienen los sembradíos de caña? Pues sí, regándose con mucha agua. Y si se sumaban ahora sí, todas las partes en dónde se empleaba agua tendríamos una visión más completa del problema, y a su vez estrategias de intervención más efectivas, eficientes y sustentables.

Finalmente, el tercer ingrediente es la "**termodinámica**", un término también de uso poco común para una reunión con tus amigos, sin embargo, muy útil en la planeación y ejecución efectiva o eficiente, tanto personal como profesional.

Como sabes, la termodinámica se encarga de estudiar el intercambio de energía en sus diversas formas, y su interacción con los equipos, las propiedades de la materia y el uso racional de la energía.

Recurrir a la historia en este momento, podría llevarnos muchas líneas, sin embargo, podemos recuperar lo visto en el capítulo anterior, diciendo que en algún momento el carbón puso a funcionar a la industria y puso en marcha a los primeros buques, pero además subió a los rieles a las eficientes locomotoras; después, los hidrocarburos nos han permitido desplazarnos a mayores distancias y en menor tiempo.

Hoy las distancias se han hecho cada vez más relativas, y la conexión entre las personas y entre los grupos de personas, se da de manera inmediata, instantánea. Como ya lo vimos, hemos entrado a la llamada sociedad de la información, a la sociedad del conocimiento.

Así, las diferentes formas de energía y los distintos medios de comunicación y de transporte, han configurado las civilizaciones en cada periodo de la humanidad.

También ya revisamos que, ahora el tipo de energía que permite que el mundo siga en marcha, es de naturaleza intangible: datos, información, comunicación, generación de percepciones. Por eso la comunicación tiene un sentido estratégico.

Asimismo, es conocido que la supervivencia (ya después vendrá el crecimiento) es la condición fundamental para todo ser vivo y por supuesto para cualquier organización, y siempre se buscará alcanzar la mayor eficacia (efectividad) y eficiencia con los menores gastos y pérdidas energéticas.

Edward de Bono establece que la eficacia tiene que ver con determinar exactamente lo que se quiere hacer, y lograrlo. Por otra parte, la eficiencia "implica productividad. Eficiencia implica que no debe haber desperdicio. Eficiencia implica obtener el máximo con nuestro esfuerzo, energía y recursos" (2010, págs. 34-35)

En el siguiente capítulo con la habilidad H2: Diseñar estratégicamente, te presentaré una matriz que te permitirá planear y actuar estratégicamente con mayor éxito. Tanto en la práctica personal como profesional podrás anticipar, cuando sea posible, el ahorro energético y temporal (estas dos variables estratégicas en la nueva realidad).

En los seres vivos, la "actitud biológica, instintiva, es en sí misma acción y comunicación al mismo tiempo, e implica un sentido eminentemente práctico –tanto en el individuo como en el organismo social más complejo: el grupo o la empresa." (Costa, J. 1999, pág. 18)

En el ámbito personal, familiar o empresarial siempre se usa y se consume energía, la cual debe ser gestionada de manera consciente para evitar su derroche o su pérdida. Y aquí reitero, que en el siglo XXI dos variables estratégicas muy importantes son el tiempo y la energía.

La energía básica indispensable por la cual tenemos que empezar, es la personal, sin ella no podríamos desarrollar ninguna acción, ni siquiera respirar. De aquí la importancia de la alimentación y el tiempo de descanso.

Una empresa inicia su ciclo productivo a partir del trabajo de las personas (aunque sea la de programar una máquina). El escenario más desafortunado, sería tener personas bajo el síndrome de "burnout", es decir, personas fundidas, quemadas, sin energía, sin voluntad, o personas produciendo alta entropía, es decir, con energía inútil, dispersa, sin enfoque, carente de sentido.

Para colocar en contexto lo anterior, Jeremy Rifkins reflexiona acerca de que "los economistas convencionales no reconocen que las leyes de la termodinámica rigen toda la actividad económica". (Rifkin, 2015 págs. 22-23) Y explica que "las leyes primera y segunda de la termodinámica establecen que "la energía total en el universo es constante y la entropía total aumenta continuamente". (Rifkin, 2015 págs. 22-23, en Guarneros 2020, pág. 56)

La primera ley de la termodinámica, denominada de conservación, menciona que la energía no se crea ni se destruye, y que esa energía propia del universo invariablemente siempre ha sido y seguirá siendo la misma. Sin embargo, aunque la energía sea permanente, sólo la apreciamos de dos únicas maneras: está disponible o no lo está. Se tiene o no se tiene energía para poner en marcha.

Inevitablemente un sistema abierto toma energía del entorno con el objetivo de transformarla en acciones personales, profesionales, empresariales, etc.

Si vamos a la segunda ley de la termodinámica, justo aquí cobra sentido. Esta ley establece que "la energía siempre fluye de lo caliente a lo frío, de lo concentrado a lo disperso, del orden al caos. Por ejemplo, si quemamos un trozo de carbón, la suma total de la energía no variará, pero esa energía se dispersará en la atmósfera en forma de dióxido de carbón, dióxido de azufre y otros gases. Aunque la energía no se ha perdido, el hecho de que se haya dispersado le impide producir un trabajo útil. Los físicos denominan entropía a esta energía que ya no se puede utilizar". (Rifkin, 2015 págs. 22-23, en Guarneros 2020, pág. 57).

Cualquier actividad requiere la energía necesaria para convertirse en trabajo y alcanzar un fin determinado, desde desplazarse a pie de un lugar a otro, hasta taladrar una pared para colocar una repisa.

Tanto el desarrollo personal como la actividad empresarial, están condicionadas por las leyes de la termodinámica, por el eficiente uso de la energía.

En palabras de Juan Carlos Ramírez:

> "Imaginemos por un momento una bombilla de 100 vatios que se enciende en un gran salón y dispersa su energía llevando su luz quizás a unos 10 ó 12 metros de distancia. A pesar de la importante cantidad de energía que consume, está claro que al dirigirse en tantas direcciones, en la distancia empieza a perder intensidad". (2009, pág. 56)

Y continúa:

> "Obviamente la bombilla podría iluminar adecuadamente un cuarto pequeño, sin embargo, es un hecho que la luz no puede llegar demasiado lejos. Por otro lado, pensemos en un indicador láser, esas pequeñas linternas que proyectan en la distancia un punto rojo, algunas pueden ser del tamaño de una esfera o incluso más pequeñas y

utilizan para su funcionamiento sólo una o dos pilas de 1.5 voltios. Su luz concentrada a través del láser en un único lugar es capaz de llevar su punto rojo a decenas de metros de donde nos encontramos. Este sencillo principio físico parece esconder una gran lección para el mundo de los negocios" (Ramírez, 2009, pág. 56)

Si enfocas mejor puede significar que llegues más lejos con menos desgaste energético.

Tanto una persona como una empresa (no importando su tamaño, ni su giro) requieren el uso de energía de diferente naturaleza para alcanzar sus objetivos económicos y sociales.

Y como verás más adelante, la comunicación (a partir de su profunda y clara concepción) brinda entre otros los siguientes beneficios:

"1. La comunicación genera grandes resultados con relación a la poca energía que se invierte por ser de naturaleza intangible, lo que produce ahorro energético, económico y temporal.

Y no olvides que:

2. La comunicación es una acción que ayuda a coordinar otras acciones" (Guarneros, 2014, pág. 101)

Démosle paso al poder de la comunicación.

Cualquier sistema requiere para su pervivencia y su crecimiento, de la importación y la exportación de energía "en cualquiera de sus formas, tales como información, calor, materiales físicos, etcétera". (62, pág. 23) (en Watzlawick, y otros, 1981 pág. 119)

Mientras las partes constitutivas de un conjunto tengan menos sentido, menos significado, menos organización, menos articulación, el gasto energético siempre será mayor. En sentido estricto, la comunicación al ser relacional puede ofrecer muchos beneficios a las partes y al todo.

Para redondear lo visto hasta ahora, te puedo decir que estarás mejor equipado para prosperar en esta nueva realidad si tienes en forma las lentes que te permitan:

1 Ser consciente de que nada está aislado, que el mundo son posibilidades en potencia, que el todo es mayor a la suma de sus partes. Si te encargas de relacionar, de ver las conexiones actuales y potenciales, y de crear interacciones para hacer surgir nuevas propiedades antes inexistentes, tendrás grandes posibilidades de triunfar.

2 Comprender que no hay una realidad absoluta, sino múltiples realidades según enfoques, nada está determinado. Un poco de disrupción es indispensable (Constructivismo). Como señala Von Foerster no existe un único punto de vista (una única disciplina), sino múltiples visiones de un mismo objeto, la realidad entonces puede ser vista como un prisma de múltiples

caras o niveles de realidad. Esto enriquecerá tus formas de ver y las aportaciones que realices.

"Insistimos en concebir la investigación interdisciplinaria como un proceso y no como un `acto´ de coordinación de resultados"

Rolando García

3 Convencerte de que el ahorro energético y temporal son estratégicos, así como la gestión de intangible (Termodinámica).

A continuación, veremos cuáles son esas habilidades necesarias que al comprenderlas, expropiarlas y vivirlas te pondrán en una mejor condición personal y en consecuencia profesional en el presente y en el futuro.

Ahora es necesario aprender a mirar de manera integral, incorporando el entorno, el mediano plazo (y en muchos casos el largo plazo) y las interacciones en red.

Es momento de desaprender la idea de que el fin es siempre obtener certeza, y de reaprender que más que certezas el mundo te ofrece posibilidades.

ABRAZA a la complejidad para el éxito, no la ignores.

¡Ánimo!

3. HABILIDADES PERSONALES DE ALTO IMPACTO PROFESIONAL

"Atrévete a pesar de tu miedo y te acabarás sintiendo valiente"
William James

Pero ¿qué debemos entender por habilidad?

Habilidad es la capacidad, destreza e inteligencia que has adquirido, y que te permite actuar adecuadamente para lograr los resultados establecidos. Tus habilidades son tu poder, y te ayudan a ir de una situación actual, a una situación deseada, mejorada o ideal.

De acuerdo con las necesidades de cada época las habilidades han ido cambiando.

¿Qué capacidades, destrezas, y tipo de inteligencia eran necesarias para cazar un mamut, o para encender y conservar el fuego? O ¿qué habilidades se requieren para negociar la liberación de un rehén, o para impartir una conferencia (o webinar en estos tiempos)?

"El fuego abrió la primera brecha importante entre los humanos y los animales"
Yuval Noah Harari

Ahora, ¿qué habilidades requieres para alcanzar tus objetivos en el nuevo mundo que se está conformando cada vez más complejo? ¿Qué habilidades necesitas para vivir mejor?

Por ejemplo, si tienes la habilidad de manejar adecuadamente tu estrés (esto lo verás dentro de la habilidad H3: Autoconciencia), estarás en mejores condiciones de llevar adelante un proyecto difícil.

El mundo ha cambiado y requieres habilidades pertinentes y congruentes con esta realidad. Habilidades que te permitan estar más cómodo y así afrontar mucho mejor esta nueva realidad.

"No deje que lo que aprende lo haga un erudito; deje que lo que aprende lo haga más activo"
Jim Rohn

Sin importar tu actividad o profesión, ya seas médico, contador, comunicador, mercadólogo, abogado, emprendedor, comerciante, estudiante, "youtuber", casado, soltero, hombre o mujer, todos los habitantes de este mundo desean, sobre todas las cosas (aunque no lo parezca) ser felices, o digamos estar plenos, satisfechos, alegres, o vivir a gusto.

La verdad es que te van a pagar, o vas a cobrar, por hacer que las cosas sucedan, por ayudar a que se alcancen las metas trazadas, pero te irá mejor si lo haces con los menores costos para ti, para las demás personas, para la empresa, y claro para el planeta.

Te contratarán, o te contratarás, para ahorrar energía, tiempo y recursos (tema que podrás revisar en la habilidad H2: Diseñar estratégicamente).

Hoy es, y seguirá siendo de gran valor que desarrolles tu trabajo efectiva y eficientemente.

Siempre tendrás que ofrecer un valor significativo. Por qué no ofrecer valores que éticamente sean vendibles y que te faciliten llevar la vida que has decidido vivir.

Adoptar y desarrollar determinadas habilidades, principalmente las abajo descritas, te ayudarán a estar mejor como persona. Y paradójicamente, si trabajas en ti, en mejorarte a ti mismo, mejorarás el mundo.

"Al no prepararse, se está preparando para fracasar"
Benjamín Franklin

En este capítulo revisaremos las 10 habilidades estratégicas para vivir mejor este mundo que estamos habitando. Estoy seguro de que te servirán para tener un mejor presente, así como mayores y mejores oportunidades para el futuro.

Aquí las 10 habilidades estratégicas (H) para la nueva realidad:

H1: Integrar/relacionar (Conciencia comunicativa y Visión sistémica)
H2: Diseñar estratégicamente
H3: Autoconciencia
H4: Gestionar el cambio
H5: Rehacerse para retomar el rumbo
H6: Gestionar las percepciones
H7: Creatividad
H8: Storytelling
H9: Habilidad digital
H10: Inteligencia financiera

"Los analfabetas del siglo XXI no serán aquellos que no sepan leer y escribir, sino aquellos que no sepan aprender, desaprender y reaprender"
Alvin Toffler

Vamos a conocer, comprender y verificar qué tan incorporadas tienes estas habilidades en tu vida personal y profesional.

3.1 H1: INTEGRAR/RELACIONAR (CONCIENCIA COMUNICATIVA Y VISIÓN SISTEMÁTICA)

"Cualquier objeto de estudio pierde sentido si se le observa al margen de su entorno, pues sus interacciones son quienes lo definen"

Niklas Luhmann

Te has preguntado, ¿qué debería enseñarse en las escuelas? Y, ¿qué deberás seguir aprendiendo?

Pues sí, los conocimientos y habilidades que adquieres formalmente, digamos en la universidad, son más efímeros, su fecha de caducidad es cada vez más corta. Recordemos algo: en toda la historia de la humanidad, nunca había habido tantos cambios y tan rápido. Esto contribuye a que lo aprendido sea fácilmente alterable y que ya no esté vigente por tanto tiempo.

Ahora es más pertinente hablar de aprendizaje de por vida o del lifelong learning.

Es por eso, que el resto de tu vida seguirás aprendiendo, actualizándote, descubriendo nuevas posibilidades, nuevas formas de conocer y de comprender el mundo. Lo anterior fomentará "la curiosidad de los niños y (permitirá) mantener permanentemente actualizados y motivados a los adultos" (Oppenheimer, pág. 344)

Ahora se sabe que todo aquello que tiene vida es por que tiene sentido entre sus partes, es decir, las partes que integran algo se mantienen en interacción, conectadas, articuladas, unidas, relacionadas, en armonía. Todas estas cualidades son producto de la correcta comunicación.

Todo lo que mantiene una adecuada interacción es exitoso. Comunicación es una palabra de uso cotidiano, pero (injustamente) incomprendida. Tanto así, que pocas veces o nunca, nos detenemos a tratar de entenderla y de comprenderla, pues al emplearla de manera cotidiana damos por hecho que la conocemos bien.

El éxito de los medios masivos de difusión (cine, radio, televisión, prensa escrita) influyó en la concepción del término comunicación.

Muchas veces se cree que la comunicación es una habilidad para personas que aparecen en televisión, para periodistas, o para oradores, sin embargo, ¿sabías que la comunicación va más allá, que es una habilidad de vida o muerte para cualquier ser vivo, que desee conservar esta condición?

Te propongo ver dos enfoques de la comunicación: Uno desde la **capacidad comunicativa o expresiva**, y otro desde la **conciencia comunicativa**, que justo aquí es en donde te explicaré por qué la comunicación es un asunto de vida o muerte en tu desarrollo personal y profesional.

Pero empiezo por la comunicación como **capacidad comunicativa o expresiva**.

Sí, ya te contaba sobre la dificultad para dejar claro qué es comunicación, y son muy comunes los casos en los cuales se (mal) emplea el término, para ejemplo revisa las siguientes expresiones:

"Lo vi en los medios de comunicación masiva" (¿o medios de difusión masiva?).

"Tenemos muy buena comunicación, o hace falta comunicación" (¿qué se está entendiendo por comunicación?).

"El secreto es tener una buena comunicación" (¿es vista la comunicación cómo un medio o como un fin en sí misma?).

"Listo, ya quedó comunicado" (¿qué se entiende por quedó comunicado?).

"Que quede claro que a partir de este momento la comunicación debe ser mejor" (¿qué se está esperando de los demás?, ¿cómo se sabrá si la comunicación mejoró?), etc.

A partir de los ejemplos que te expuse, parece evidente la imprecisión y la dificultad de emplear de forma efectiva el uso de la palabra comunicación.

Ahora, aunque de inicio parezca "innecesario" es esencial diferenciar los conceptos fundamentales alrededor del concepto de comunicación, tales como: *dato, información, difusión,* y la propia *comunicación*. Y no sólo creo valioso reflexionar brevemente sobre cada uno de ellos, sino también útil reconocer su utilidad práctica (y en el camino descubrir sus distorsiones semánticas). Ya verás que resolverlo será el inicio de tu mejor desempeño estratégico.

Empecemos por ***Dato***. Debes comprender que un dato es la unidad mínima de significación que aporta un signo (ya sea escrito, auditivo, gustativo, olfativo, etc.). Por ejemplo, el número "9", la palabra "amor", el sabor "dulce", o el olor "fétido".

Muchas veces los datos por sí mismos, no nos permiten tener una idea suficiente o un sentido completo sobre alguna realidad.

"9" es sumamente ambiguo, es decir, ¿se refiere a: 9 horas, 9 meses, 9 años, 9 pesos, 9 principios? etc, etc, etc. Un dato por sí mismo puede carecer del contexto adecuado para que el otro, los demás lo entiendan. Recuerda lo que leíste en el epígrafe que abre este apartado: "Cualquier objeto de estudio pierde sentido si se le observa al margen de su entorno, pues sus interacciones son quienes lo definen" Niklas Luhmann. La palabra padre, adquiere sentido según el entorno en donde se emplee.

Avancemos. Sobre el concepto de ***información***, vale hacer algunas disecciones a la palabra para ir descubriendo otras palabras en su interior. Si eliminas las primeras letras, esto es, *"in"* y las últimas *"ción"*, podrás leer **forma**.

~~In~~forma~~ción~~

Y si ahora sólo quitas las letras iniciales *"in"*, leerás **formación**.

~~In~~formación

Es decir, formar o dar **forma**, ¿a qué? a un conjunto de datos, además de establecer una *formación*, que sea lógica, y tenga coherencia, pero también con un sentido específico.

La información es proceso y es transportada por el mensaje.

Es proceso: pues da forma lógica (o formación sintáctica, pues establece un orden) a un conjunto de datos, con un sentido específico, esto es, con cierta intención (en este terreno nada es inofensivo, siempre se busca un propósito).

Veamos el siguiente ejemplo:
"El comido perro de ha mi no jefe".

En este caso no hay información, sino una serie de datos no formados, carentes de sentido, de una intención clara. No hay información como "proceso".

Es transportada por el mensaje: ya que la información se incluye en el mensaje siempre intencionado y busca un propósito, y es claro para quién lo elabora y debe serlo por supuesto para quien o quienes ha sido elaborado (tiene el potencial de crear significados comunes).

Repito, no hay mensaje inofensivo. Todo mensaje busca un propósito, desde dar a conocer algo (el lanzamiento de un nuevo producto), iniciar una conversación (Hola, ¿cómo te llamas?), hasta buscar convencer a alguien acerca de algo.

Al respecto tengo que aclarar que información no es sinónimo de noticia. Desde luego hay información noticiosa, sin embargo, no toda información tiene características de "evento inesperado". Existen mensajes o información con diferentes propósitos: comerciales, de influencia ideológica, con intenciones amorosas, didácticos, entre muchos otros.

Los mensajes mientras más novedosos, más informativos y mientras menos novedosos más redundantes. Te explico. La novedad lleva una carga de desconocimiento de tu parte, hay más información para ti que no conocías. En cambio algo que ya conoces, será más redundante con relación a la información que ya tienes que ya conocías, habrá poca novedad.

Por otra parte, evita distribuir información errónea o irrelevante, pues no sabemos los problemas mayúsculos que pueden desencadenar.

De aquí la necesidad de lograr el equilibrio en lo que comunicas. Sin cierto nivel de novedad los mensajes carecerán de interés, parecerán monótonos, repetitivos, sin el aporte de algo nuevo. Por eso es que cierta redundancia en la información ayudará a la familiaridad, y a la mejor aceptación de los mensajes. Ojo: Para un mensaje más efectivo: ni tanta novedad, ni tanta redundancia.

Fíjate que también la información ayuda a reducir la incertidumbre, entiendo por incertidumbre el desconocimiento de algo. Produce incertidumbre no saber. Por eso, si cuidas tanto ofrecer como solicitar la información correcta, podrás reducir la incertidumbre. Además, la carencia de información reduce las posibilidades de hacer de las situaciones algo más o menos previsible.

"(...) informaciones "erróneas" o irrelevantes. De hecho, si una enfermedad como el cáncer puede considerarse como producto de una mala información en la estructura del ADN. También los virus introducen informaciones erróneas, en el sentido de que su ADN reemplaza a algunos ADN de la célula anfitriona, y así la célula responde al ADN extraño en lugar de servir las necesidades corporales" David Bohm y David Peat

Ahora bien, más allá de definir (sólo por que sí) qué es ***difusión***, mi propósito para contigo es que comprendas la utilidad práctica de saber esto.

Reflexionar sobre qué es difusión, es reflexionar sobre el proceso de envío de información. Así, un proceso difusivo se caracteriza por el envío de información sin la intención inmediata de incentivar la interacción con los destinatarios, pero sí se espera la respuesta en acciones concretas de los otros a partir del mensaje. "Sal a votar este 6 de junio"; "de venta en tu tienda de autoservicio"; "te corresponde vacunarte en tal fecha y en tal lugar".

La difusión contempla el envío unidireccional (no interactivo) de mensajes comúnmente a un número amplio de personas, y también es un proceso que requiere el apoyo de tecnologías para realizar la transmisión.

En ese sentido entender qué es difusión, permite en la práctica, a partir de los objetivos establecidos, determinar si lo que requieres es tener mayor alcance, esto es, llegar a un número amplio de personas, que se enteren grandes grupos de individuos.

Y ahora sí, qué debemos entender por **comunicación**.

Tratar de definir qué es comunicación, resulta verdaderamente difícil. Sin embargo, creemos que es muy importante comprender que la comunicación "permite puntos de encuentro a través de la información; es decir, es un proceso que busca influir en los demás para que los cambios ocurran (...) La comunicación no es un fin en sí misma, sino un medio para lograr determinados propósitos". (Guarneros, 2013 pág. 60)

Y vaya que este tiempo que vivimos es de cambios, y la comunicación es un medio para provocarlos en nosotros y en los demás.

En términos generales, "se entiende a la comunicación como una alternativa de comportamiento que supone una interacción (...) Es una alternativa de comportamiento, una interacción indispensable para sostener el equilibrio de cualquier sistema de interacción humana, incluidos los sistemas organizacionales". (Serrano y otros 2001, pág. 53)

A diferencia de difundir, comunicar abre espacios para interactuar, para compartir, para juntos construir. La comunicación adiciona al proceso difusivo de bidireccionalidad, la de los otros en el proceso. De aquí que una de las bondades de la comunicación sea la retroalimentación.

La comunicación es relacional. Veamos:

La comunicación implica un proceso interactivo que permite verificar si se está produciendo una evocación común entre los involucrados. Se encarga de verificar si estamos claros si están entendiendo lo mismo. La comunicación es excelente para reducir los malentendidos y evitar o solucionar los conflictos entre las personas. No olvides que los humanos somos seres de encuentro.

A diferencia de lo que se cree, existen mayores posibilidades de que la comunicación fracase a que sea exitosa.

De acuerdo con Michael McMaster: "A menos que nos decidamos a abandonar la metáfora mecánica de enviar y recibir como el sistema básico de comunicación, no resolvemos los problemas con los que nos enfrentamos día tras día." El asunto es más complejo. La comunicación no es un acto automatizado, pues es un acto vivo, en nuestro caso entre personas.

Debo aclarar que "la mayor tasa de comunicabilidad se produce con el diálogo, y la menor tasa se da con un mensaje emitido de forma masiva." (Guarneros, Tesis doctoral, pág. 85-90). En otras palabras, la forma más pura de comunicación es el diálogo, y la más alejada es por ejemplo, enviar a alguien un mensaje dándole una orden y asumiendo que la realizará.

En ese sentido, el diálogo libre "(...) podría ser una de las maneras más efectivas para abordar la crisis a la que se enfrenta en la actualidad la sociedad, e incluso toda la naturaleza humana y el conocimiento" (Bohm, D. y Peat, F.D. pág. 265)

"Una diferencia clave entre un diálogo y una discusión normal es que, en la última, la gente suele aferrarse a unas posiciones relativamente fijas y defiende sus ideas intentando convencer a los otros" (Bohm, D. y Peat, F.D. pág. 266)

Por el contrario, "en un diálogo una persona puede preferir una posición determinada, pero no se aferra a ella negando que sea negociable. Está preparada para escuchar a los otros con el acercamiento y el interés necesarios para entender también sus posturas, así como para cambiar su punto de vista si hubiera una buena razón para hacerlo. Para que esto suceda se necesita un espíritu de buena voluntad y camaradería, mientras que no es compatible con un espíritu competitivo, contencioso o agresivo". (Bohm, D. y Peat, F.D. pág. 267)

Los físicos Bohm y Peat (pág. 268) continúan su aportación diciendo que: "si las personas son capaces de comprometerse en este tipo de diálogo sin ira o evasión, se darán cuenta de que no existe una posición fija tan importante que merezca ser mantenida a costa de destruir el diálogo mismo."

Por último, ellos realizan una muy buena analogía al decir, que "el diálogo puede comenzar a desempeñar entonces un papel análogo al del sistema inmunológico en el cuerpo, "reconociendo" la mala información destructiva y haciéndola desaparecer. Claramente, esto es un importante cambio en la manera en que trabaja la mente" (Bohm, D. y Peat, F.D. pág. 269). El diálogo puede "aflojar" la rigidez colectiva y sociocultural que nos tiene presos a todos.

Ante esta nueva realidad te será de gran beneficio desarrollar tu capacidad comunicativa expresiva, preguntándote a quién quieres comunicarle, qué pretendes lograr, qué debes comunicarle, cuándo debes comunicarle, por qué medios, o si será más adecuado que sólo envíes un mensaje (difundas) o que busques el diálogo (interactúes). La capacidad comunicativa expresiva te equipa con mejores recursos estratégicos en este mundo complejo.

Ahora, pasemos al tema de la comunicación como posibilidad de vida o muerte: la **conciencia comunicativa**.

Habrá que trascender la idea de que la comunicación es una acción de último nivel, que únicamente sirve para embellecer estilísticamente los mensajes en las etapas finales de cualquier estrategia personal o empresarial.

Ten siempre presente que aquello que se mantiene vivo, es por que se mantiene comunicado. Si pudieras en este momento "escanear" y descubrir la cantidad de procesos de comunicación que están sucediendo en todo tu cuerpo quedarías más que sorprendido.

El propio suceso de concepción humana (y de cualquier especie) es un principio comunicativo, en donde todo inicia con la interacción entre un óvulo y un espermatozoide. Ya lo decía el filósofo y psicólogo Paul Watzlawick: "Para sobrevivir, cualquier organismo debe obtener no sólo las sustancias necesarias para su metabolismo, sino también información necesaria sobre el mundo circundante, comprendemos que la comunicación y la existencia constituyen conceptos inseparables" (1981, pág. 236)" (Guarneros, Tesis doctoral, pág. 39).

El sentido entre las partes, es comunicación, la comunicación es vida, la vida es éxito.

Aquello que pierde en comunicación, enferma. Y si la comunicación se anula por completo se produce la muerte, las partes se desconectan, pierden sentido.

Sin duda alguna la comunicación puede prepararnos para en primer lugar ser conscientes de que la interacción entre las partes produce vida; y en segundo lugar comprender que la comunicación conecta e integra lo desarticulado. Observar qué conecta con que, qué se articula con que te permitirá imaginar y crear nuevas propiedades por la fusión, y así intervenir de manera más efectiva y eficiente la realidad en la que vives.

Ejemplo: ¿Te parece que la marca Mac de Apple ha sido exitosa? Steve Jobs, la mente de Apple, observó y ejecutó bajo el principio de "conciencia comunicativa".

Él no pensó de manera aislada en producir "gadgets" y sacarlos al mercado. No, lo que hizo fue Diseñar estratégicamente (habilidad H2) cada uno de la serie de productos que conocemos: el iphone, el ipad, el Apple watch, la Macbook, etc. No fue casual, al contrario, Jobs anticipó y diseñó un verdadero sistema de comunicación, un Hub digital, esto es, brindó por primera vez la experiencia de interacción entre todos los "gadgets" en beneficio del usuario.

"La comunicación juega un papel importante en cómo poder desarrollar nuevas ideas"

David Peat

Por ejemplo, si tomas una foto con tu celular inmediatamente la tienes en tu tableta para poder editarla, sin necesidad de realizar previamente un envío. Y que cuando sales a correr la información de tu frecuencia cardiaca quede registrada en tu celular, y si recibes una llamada la puedes tomar desde tu reloj, etc, etc.

El éxito radica en integrar, no en fragmentar. Busca como Steve Jobs y muchos otros referentes de esta época, articulan partes con el potencial de encontrar nuevas propiedades antes inexistentes: él articuló, integró y creó la nueva propiedad de un sistema práctico de comunicación.

¿Sabes que el Internet de las Cosas o Internet of Things (IdC o IoT) tiene este principio de conciencia comunicativa?

Jeremy Rifkin visualiza que "El IdC (Internet de las Cosas) integra el entorno artificial y el medio ambiente natural en una red operativa coherente. Esto permite que cada ser humano y cada objeto se comuniquen, creen sinergias y que se faciliten interconexiones". (2015 pág. 27)

¿Qué debe conectar con qué para generar qué nueva propiedad? Es una pregunta pertinentemente estratégica para la época que estamos viviendo.

La conciencia comunicativa permite comprender que el todo y las partes requieren sentido para seguir vivas y crecer, pero además te permite comprender el contexto, la interacción entre las partes y el todo.

"¿La comunicación puede alcanzar la categoría de visión que nos ayude a enfocar de manera más integral a través de nuevas lentes, y así conocer, comprender e intervenir estratégicamente la realidad compleja que vivimos?" (Guarneros, Tesis doctoral, pág. 4)

Considero que la comunicación sí puede alcanzar esa categoría de visión, de paradigma preponderante para el entendimiento, comprensión e intervención de la realidad social de la cual todos formamos parte por la necesidad sustentable que tenemos para hacer que el mundo continúe.

Creo que ahora el contexto de la sociedad de la información y del conocimiento es más propicio para impulsar una visión generada a partir de la conciencia comunicativa.

"El cuerpo es un sistema perfecto de comunicación con el entorno"
Enric Corbera

La dinámica de la vida misma implica procesos de comunicación (que incluyen identificación de los otros, reconocimiento de los otros, relación con los otros, retroalimentación con los otros, entendimiento con los otros, alianzas con los otros, etc.), que si se ven afectados se trastoca la supervivencia, y no digamos la mejor vivencia de cualquier persona y grupo social.

Conciencia comunicativa

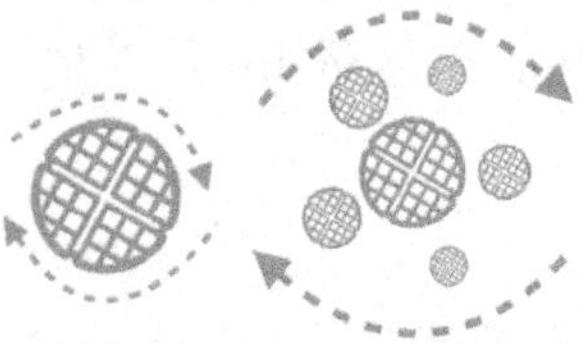

Elaboración propia.

Apoyado con el esquema anterior (el cual es meramente ilustrativo), ver desde la comunicación, es ver la vida en las organizaciones sociales a través de las conexiones e interacciones ya existentes o necesarias entre las partes, con relación a algo mayor.

Recuerda que la interacción no es, pues, un conteo de piezas separadas, ni una adición de partes. La interacción es la acción recíproca que logra que el todo sea más que la suma de sus partes (emergen propiedades antes inexistentes), y esto es materia de la comunicación.

No basta con conocer, sino que es necesario comprender y ser conscientes de esta condición para la vida misma, para tu persona y para las organizaciones sociales. La comunicación efectiva y eficiente mantiene a las partes articuladas, conectadas, llenas de sentido.

Esta visión de los grupos sociales pretende ser más cercana a la concepción biológica, y busca enfrentar la complejidad y la incertidumbre que son inevitables en cualquier persona y empresa (no importando si esta se constituye por dos o por mil personas).

"Llámale clan, llámale red, llámale tribu, llámale familia; sin importar el nombre ni quien seas, necesitas una"
Jane Howard

Para generar esa conciencia comunicativa tendrá que desarrollarse una didáctica personal y grupal, la cual deje claro que la comunicación es muy importante, es más, es determinante para la comprensión personal y de la realidad social, así como para la supervivencia y la mejor vivencia.

"La comunicación es el dispositivo fundamental de la configuración y la dinámica de los sistemas sociales"
Niklas Luhmann

Como puedes ver, el papel de la comunicación ya no debe ser solo el de simplemente crear y transmitir mensajes: capacidad comunicativa expresiva; sino el de servir como visión que permite aflorar el origen comunicativo en las interrelaciones que dan sentido y vida (conciencia comunicativa). El universo es comunicación, son interacciones a diferentes niveles. La vida misma es comunicación.

"Una nueva infraestructura inteligente basada en la unión de las comunicaciones, la energía y la logística en un único internet se está empezando a extender como la tecnología WiFi: de un nodo a otro y de una región a otra, cruzando los continentes y conectando la sociedad en una gran red neural mundial"

Jeremy Rifkin

Comúnmente se ven más desventajas en emprender cambios desde grupos pequeños de personas, sin embargo, las estructuras poco robustas, pero con gran sentido entre sus partes las hace más ágiles para moverse y adoptar ciertas innovaciones, entre ellas, una conciencia comunicativa entre los involucrados.

"Tratar de salir de sí mismo y volverse a los demás"

Erich Fromm

A través de desarrollar la conciencia comunicativa podemos ayudar a los demás a ver bajo perspectivas más amplias, más estimulantes, más alentadoras con mayores posibilidades. Casi por regla general, si ayudas a los demás, ellos después te ayudarán. *CoOperar*. El sufijo *co* significa reunión, unión, compañía. Cooperar tiene que ver con hacerlo unidos, con lograr juntos.

Yuval Noah Harari menciona en su libro Sapiens que: "Criar niños requería la ayuda constante de familiares y vecinos: se necesita una tribu para criar uno. Por ello, la evolución favoreció a quienes podían formar vínculos sociales fuertes" (2020, pág. 32). Nuevamente, no vamos solos por la vida.

"Los chimpancés no cooperan con extraños (...) En cambio, ¡los sapiens pueden cooperar de infinidad de maneras con incontables extraños!"
Yuval Noah Harari

Esto nos lleva al tema, aunque implícito, muy necesario: la aportación sistémica.

En el capítulo anterior te expliqué que un sistema es un conjunto de elementos que *interactúan (se comunican)* entre sí para lograr un objetivo común.

"El término sistema es como sinónimo de totalidad organizada"
Rolando García

Asimismo, dijimos que los sistemas pueden entenderse desde lo simple y lo complejo, y desde lo abierto y lo cerrado.

Sistema simple: pocos elementos en juego. Sistema cerrado: no se requieren de otros elementos externos ni de otros sistemas para lograr su objetivo.

Sistema complejo: existen muchos elementos en juego. Sistema abierto: los elementos requieren de otros elementos y de otros sistemas externos para lograr sus objetivos.

Es decir, cuando afirmamos que el mundo es cada vez más complejo, es porque hay muchos más elementos en juego, y más sistemas interdependientes. Lo importante es reconocer la complejidad, pues esto te hará más competente; te permitirá ver lo que otros no ven, y así podrás generar estrategias con mayores posibilidades de éxito.

"El desempeño de un sistema depende más de la manera en que interactúan sus partes que de la manera en que actúan independientemente unas de otras"
Russell L. Ackoff

Lo contrario sería ver la realidad de forma lineal, sin reconocer las múltiples interacciones. Esto es poco ecológico en el sentido más amplio del término, más allá del medio ambiente, es decir, ecología implica múltiples relaciones que se dan entre las personas y su medio.

La propia conciencia comunicativa y la visión sistémica originan el modelo del movimiento sostenible.

Jeremy Rifkin, dice que la sostenibilidad es definida como "un estado relativamente constante donde el uso de recursos para sustentar la población humana no supera la capacidad de la naturaleza para reciclar los residuos y recuperarse. La huella ecológica es una medida directa de las demandas que plantea la actividad humana a la biosfera" (2015, pág. 338).

Establecer únicamente procesos lineales para entender la realidad es de mentes infantiles, poco responsables. Y para eso hay muchos ejemplos en los cuales se cree que las acciones personales no tendrán mayor efecto en el entorno. Arrojar desechos contaminantes a un lago cuidando que nadie te vea, no evitará el daño ambiental, o descuidar la alimentación pagará factura más adelante, o los pensamientos no controlados te harán pasarla mal (así como piensas es que sientes y en consecuencia actúas).

Ya lo decía el científico Rolando García: "Los sistemas complejos son sistemas *abiertos*: carecen de límites bien definidos y se realizan intercambios con el medio externo. No se trata de sistemas estáticos con una estructura rígida (...) las relaciones entre sus elementos fluctúan, sin que se transforme su estructura" (2013, pág. 60)

Sólo para recordar: Tú, así como cualquier otro sistema complejo y abierto requieren introducir (inputs) elementos del entorno, en tu caso por ejemplo, requieres alimentos para restablecer tu energía, e información para tomar decisiones como saber del clima y decidir si te cubres o sales ligero a la calle. También tú como sistema generas salidas (outputs) excreciones propias de tu cuerpo, pero además buenas ideas para un próximo proyecto.

"El ingrediente más importante en la fórmula del éxito es saber cómo entenderse con la gente"
Theodore Roosevelt

Un enorme beneficio de desarrollar una conciencia comunicativa y una visión sistémica, como ya te lo decía, es ver lo que otros no ven, mirar con nuevos ojos, y esto se convierte en una gran ventaja sobre tu propia preparación personal y profesional. Es más, ese nivel de conciencia te permite sentirte acompañado y acompañar. En momentos críticos puedes practicar este ejercicio: pregúntale a tu mentor real o imaginario (también puede ser tu gurú imaginario) qué haría en este caso. Practícalo y verás que surgen nuevas ideas.

Traerá muchos mayores beneficios ver desde la complejidad, es decir, ver y reconocer cómo es que se conforma y funciona el mundo, y ya sabes que no sucede de forma lineal, sino en red a través de las conexiones e interacciones de muchos elementos en juego.

Recuerda en qué consistió el éxito de Steve Jobs y su empresa Apple. El éxito no vino al pensar solamente en fabricar gadgets, sino en crear un verdadero sistema de comunicación, y ahora sí es que cobran sentido los múltiples dispositivos que inventó Apple, no al revés. Él vio el árbol y el bosque, el contexto.

Mucho ojo: Primero y, ante todo, piensa con conciencia comunicativa influido por una visión sistémica, si es que quieres ser más efectivo y eficiente (y en consecuencia exitoso) en la época que estamos viviendo.

"En resumidas cuentas, la ejecución efectiva es, indiscutiblemente, ¡un problema sistémico!"
Peter M. Senge

Para concluir este apartado te recomiendo apropiarte de la siguiente metáfora para que no sólo te quedes con el conocimiento teórico, sino para que empieces a actuar en consecuencia. Te propongo que te asumas como un "tejedor de redes" que vayas por la vida tejiendo redes.

Ed Catmull ex presidente de Pixar y de Walt Disney Animation Studios, y responsable de la animación 3D de Toy Story decía: "reunir el equipo adecuado es el requisito necesario para tener las ideas correctas. Es fácil decir que quieres gente de talento y lograrlo, pero la forma en que esa gente interactúa entre sí es la auténtica clave (...) Un buen equipo está formado por personas que se complementan" (2014, pág. 93).

No olvides que: "El todo es mayor a la suma de sus partes". De poco sirven talentos, ideas, ingredientes aislados, desperdigados, por excelentes que sean.

"Las grandes cosas no se hacen por impulso, sino al reunir una serie de pequeñas cosas"
Vincent Van Gogh

Lograr lo anterior requiere conciencia comunicativa y visión sistémica, es necesario un tejedor de redes que construya y fortalezca relaciones, que conecte personas, que conecte talentos, que conecte ideas, que conecte gadgets, que teja alianzas (los buenos con los buenos), que articule y no que fracture, que ayude a las personas a desarrollarse, a crecer.

De acuerdo con tu posición, determina cómo usar tus cualidades personales para obtener los recursos necesarios (humanos, materiales, financieros, etc.). Ayuda a que otros consigan sus objetivos, para que en consecuencia te ayuden a conseguir los tuyos.

Si eres consciente de que siempre formas parte de sistemas, podrás interactuar y relacionarte de manera más armónica y efectiva.

Siempre formamos parte de diferentes sistemas complejos y abiertos

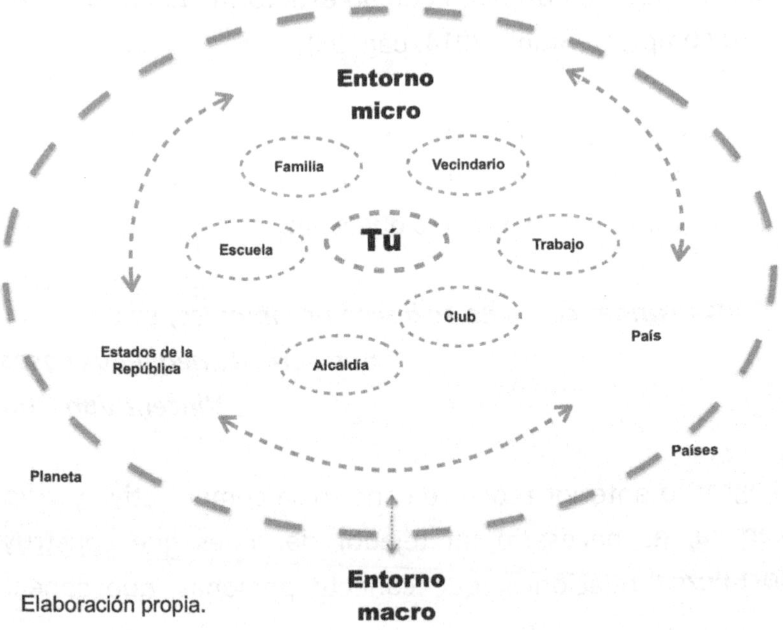

Elaboración propia.

Finalmente, te presento lo que los autores Daniel Goleman y Peter M. Senge plantean en su libro "Triple focus", una serie de *hábitos del pensador sistémico* que te permitirán cada vez más, ver e intervenir de forma más amplia y estratégica.

Aquí algunos de los hábitos del pensador sistémico:

- Procura captar el cuadro completo. (El árbol, pero también el bosque).
- Observa cómo los elementos de los sistemas cambian con el tiempo, generando patrones y tendencias. (Nada es estático).
- Reconoce que la estructura de un sistema genera su comportamiento. (Por ejemplo, una persona se comporta de acuerdo con el grupo social en donde se ubique).
- Cambia de perspectiva para incrementar el conocimiento. (Recuerda que un punto de vista es sólo ver desde un solo ángulo, cuidado con dar verdades como absolutas).
- Analiza una cuestión del todo, y se resiste a llegar a una conclusión precipitada. (Cuidado con el exceso de prejuicios).
- Tiene en cuenta las consecuencias de las acciones tanto a corto como a largo plazo. (Al estar interconectados siempre hay repercusiones, positivas y negativas).
- Tiene en cuenta cómo los modelos mentales afectan a la realidad actual y al futuro.
- Hace aflorar y somete a prueba los supuestos.

Será de gran valor que reflexiones y los adoptes en tu vida. Antes de concluir este apartado pregúntate: ¿Me considero un tejedor de redes, sí, no, por qué? ¿Puedo identificar cómo los sistemas me afectan y cómo yo los afecto? ¿Soy consciente de estar construyendo verdaderos sistemas o sólo agregados?

Deseo que hasta aquí esté cobrando sentido en ti lo que vamos viendo, que además del fundamento conceptual que has leído, veas su utilidad práctica.

Conforme avancemos comprobarás que todo se irá amalgamando a favor de tu formación personal y profesional, la cual te dejará mejor parado ante la nueva realidad.

3.2 H2: DISEÑAR ESTRATÉGICAMENTE

De la misma forma en que hay dificultad para definir el término comunicación, también la hay al momento de dejar claro qué es diseño y estrategia. Pero vamos allá.

¿Qué es diseñar estratégicamente?

Empezaremos por el término diseñar. Comúnmente esta palabra se ha utilizado para designar a aquellas personas que realizan actividades en el mundo de las artes gráficas, y de la estética en general. Así es que se habla de diseñadores gráficos, diseñadores de interiores, diseñadores industriales, etc.

Pero la verdad es que en el sentido más amplio "diseñar" es muy incluyente. Diseñar significa imaginar, crear y aplicar propuestas de solución a alguna situación identificada.

Diseñar requiere en primer lugar reconocer una situación actual y buscar mejorarla o alcanzarla. En ese sentido, todos somos diseñadores. Todos, consciente o inconscientemente, buscamos llegar a una mejor situación. Sí, es fundamental vivir el ahora, pero podemos imaginar y construir eso que queremos en el futuro.

Por ejemplo, iniciamos nuestros estudios superiores con el propósito de estar en mejores condiciones personales, sociales, económicas. Empezamos a ahorrar, porque ahora nos hemos visualizado comiendo dentro de dos años un gelato en la Toscana. O decidimos conocer a profundidad a una persona con intenciones de iniciar y formalizar una relación.

Y ahora, ¿de qué va el término estrategia?

"La palabra estrategia sigue siendo la mejor para expresar el proceso de ideas anticipatorias referidas a acciones dirigidas a conseguir nuestros objetivos de acuerdo con nuestras posibilidades"
Lawrence Freedman

Es común que, tanto en el ámbito académico como en el empresarial, se emplee la palabra estrategia de manera indiscriminada, utilizándose en expresiones como las siguientes:

"Tenemos que ser estratégicos" (pero ¿a todos les queda claro qué significa ser estratégico?). "Nuestra estrategia es lograr mayores ventas" (¿nuestra estrategia o nuestro objetivo?). "La estrategia será una acción promocional" (¿estrategia o táctica?), etc., etc., etc.

Aclaremos, la estrategia responde a la pregunta ¿cómo puedo lograr mis objetivos?

La estrategia de por sí, en su propia concepción, se acompaña de la comunicación. No pasemos por alto que la comunicación es la única acción que sirve para coordinar otras acciones. Hagámoslo consciente.

Tampoco pasemos por alto que los seres humanos somos *heurísticos* (otra palabra sexy), es decir, interpretamos nuestra realidad y con base en ello decidimos qué estrategias y qué acciones llevar a cabo. Según interpretas la realidad intervienes sobre ella, si la ves como una amenaza huyes, si la ves como una oportunidad te involucras y sacas lo mejor.

La comunicación es el medio que permite encontrar el entendimiento, la evocación común; pero, además de forma implícita, la conciencia comunicativa, como hemos visto, puede ayudarnos a generar una visión sistémica, integradora, más completa e interactiva de la realidad.

Sin estrategia no hay paraíso. La estrategia es imaginar cómo llegar al paraíso, y ejecutar para alcanzarlo.

Indiscutiblemente hay variables de vida o muerte que requieren tu total atención, estas son: tiempo y energía, recursos muy preciados, que si sabes gestionarlos tendrás grandes beneficios personales y profesionales. Allá vamos:

El Dr. Manuel Martín Serrano, desde su Teoría de la comunicación (2007), enfatiza que, los seres humanos interactuamos a través de acciones expresivas y de acciones ejecutivas, y las explica así:

1 Las acciones expresivas. Son aquellas que producen señales con las que el Agente **indica algo** al otro Agente.

En otras palabras, estas acciones son expresivas o simbólicas pues son de naturaleza intangible, y requieren muy poca fuerza física, poco tiempo y mínima energía para su ejecución. Aquí está el ámbito de la comunicación como capacidad expresiva. Por ejemplo, enviar un WhatsApp, es decir, **indicar algo** a alguien. Adelante ejemplificaré para que te quede más claro, y veas su utilidad estratégica práctica en el tema de tiempo y energía.

2: Las acciones ejecutivas. Son aquellas que producen energías con las que el Agente le **hace algo** al otro Agente.

En otras palabras, estas acciones son ejecutivas o coactivas pues son de naturaleza más tangible, pues requieren de mayor fuerza física y energía para su ejecución. Como clavar un clavo para **hacer algo**, como colocar una repisa (no **indicar algo**, a menos que lo pidas, que le digas a alguien que la coloque).

La efectividad y eficiencia son condiciones para nuestro mejor desempeño personal y profesional, y siempre está en juego el correcto uso de nuestro tiempo y la administración de la energía, es decir, del ahorro.

Y aquí lo estratégico de las acciones expresivas y las acciones ejecutivas.

Por naturaleza, las acciones expresivas o simbólicas ahorran tiempo y energía, y las acciones ejecutivas o coactivas requieren mayor tiempo y energía. ¿Hasta aquí vamos bien?

Aquí un ejemplo integrador:

Antes, hacer la despensa, necesariamente requería mayor esfuerzo físico pues tenías que desplazarte físicamente al súper, ahora basta descargar la aplicación y teclear desde tu celular los productos que quieres que te lleven a tu casa.

Este es el poder de decidir cómo administrar tu tiempo y tu energía. Ir al súper es una acción ejecutiva e implica mayor gasto de tiempo y de energía, no un ahorro de estos recursos. Tiempo en el traslado y en la compra en sí (tiempo que podrías utilizar en otras actividades), y energía personal y de gasolina si vas en tu auto. Tu energía personal es vital, es el principio de una vida efectiva y eficiente.

Por otra parte, si estás en posibilidades y decides pedir el súper por aplicación ahorras tiempo y energía, acción expresiva.

Lo importante, es que tengas la capacidad de elección de acuerdo con lo que quieras y sea más conveniente en cada caso, que tu decisión sea consciente. Puede ser que aunque haya mayor gasto temporal y energético decidas ir tú mism@

al súper, pero tienes la opción de ahorrar a través de acciones expresivas (capacidades comunicativas expresivas).

Esta visión estratégica tomada desde las interacciones expresivas y coactivas, aplica en los negocios. Muchas empresas están liberando tiempo y energía a sus clientes y verdaderamente se agradece.

Varias acciones ejecutivas se han sustituido por acciones expresivas. Por ejemplo: ya no hacer filas en las sucursales bancarias (se evita la acción ejecutiva que lleva mayor gasto temporal y energético), utilizar tu app (acción expresiva con ahorro energético y temporal); otros ejemplos tienen que ver con pago de servicios: luz, agua, teléfono, etc. Claro, habrá situaciones en las cuales necesariamente tengas que ir, pero no siempre, tú podrás decidir.

Pues aquí tienes a tu disposición la matriz estratégica, úsala conscientemente:

Variables estratégicas / Acciones	Energía	Tiempo
Actos ejecutivos	Mayor gasto	Mayor gasto
Actos expresivos	Ahorro	Ahorro

Ahora puedes decidir qué tipo de actos te permitirán alcanzar mejor tus objetivos.

Avancemos:

El término estrategia incluye el ejercicio de imaginación, pero también de ejecución, de puesta en marcha.

Sí, ya lo decía Albert Einstein: "La imaginación es más importante que el conocimiento". Y justo así inicia una estrategia, imaginando cómo puedo conseguir mis objetivos y los de los demás.

El conocimiento es útil y necesario, sin embargo, también puede inhibir la búsqueda y el encuentro de nuevas formas de ver y de hacer. El conocimiento etiqueta y encasilla, la imaginación innova. El conocimiento que existió en la edad media, confirmaba que el hombre no podía desplazarse de un lugar a otro de manera segura, rápida y a grandes distancias, era impensable. Sólo la imaginación pudo romper ese "corsé" que impedía pensar en esa posibilidad.

Primero imagino los cómos y después los ejecuto, los llevo a la práctica: La estrategia ahora es acción. Entonces, las estrategias se imaginan, se diseñan y después se ejecutan. Asúmete un diseñador de estrategias.

Pero como se lo planteó el Dr. en ciencias de la Información Rafael Alberto Pérez ¿Para qué nos sirve? ¿Cuál es la verdadera utilidad de la estrategia?

Y él mismo contesta que la estrategia sirve:

1. Para anticiparnos, antes de que los problemas nos estallen en las manos o las oportunidades ya hayan pasado.

2. Para encontrarnos un día con nuestros futuros: los que hemos querido, elegido y trabajado" (2012), si no el futuro al 100%, sí más cercano a lo imaginado.

Así, la estrategia pretende anticipar un mejor futuro y encontrarnos con él de la manera más parecida posible a nuestras expectativas. Aún sabiendo que el futuro es dinámico.

"El proverbio dice que un viaje de mil kilómetros comienza con un solo paso, yo añadiría las palabras: y con un mapa de carreteras"
Cecile Springer

Revisemos rápidamente tres conceptos también de mucha utilidad, estos son: retrospectiva, proyectiva y prospectiva. Te puedo anticipar que, de éstos, el más estratégico es la prospectiva.

La retrospectiva te permite a partir de tu presente echar un vistazo al pasado y entender históricamente alguna situación, cómo sucedió y aprender de ello. Por ejemplo, analizas hacia atrás y te das cuenta de que era habitual que postergaras mucho tus decisiones y tus actuaciones, y ahora has generado mucho estrés en tu vida.

Ahora, la proyectiva es el campo de las tendencias, aquí a partir del presente tratas de entender qué está sucediendo, qué tiene mayor vigencia, que se va presentando cada vez más. Por ejemplo, te das cuenta de que empieza a haber movimientos que buscan cuidar el ambiente, y cada vez se suman más a esa causa, es tendencia.

La prospectiva, a diferencia de las dos anteriores, no parte del presente, sino que lleva la mirada al futuro, es un pleno ejercicio de imaginación. ¿Sabías que así trabajaba Einstein? Él primero imaginaba una teoría, y en el presente en el laboratorio comprobaba su validez o no.

En el ejercicio prospectivo debes imaginar al menos tres escenarios futuros, sobre algún aspecto particular, (tu salud, tu vida en pareja, tu ámbito profesional, la movilidad en las grandes ciudades, etc.) un escenario catastrófico, un escenario utópico y un escenario futurible.

El escenario catastrófico, es tal cual que imagines que si ahora no se empieza a hacer algo en un futuro llegará lo peor. Por ejemplo, si no se hace algo con el tema de movilidad en las grandes ciudades, pasaremos un día completo atorados en el tránsito dentro de nuestros autos y además de que la contaminación del aire será extrema.

El escenario utópico, es imaginar una situación ideal. Por ejemplo, la tele transportación, tener tecnologías que te permiten seleccionar una ubicación en el dorso de tu brazo y llegar allá en segundos.

El escenario futurible, es imaginar un escenario entre lo catastrófico y lo utópico, es decir, visualizar un escenario con posibilidades de que en unos años sea alcanzado. Por supuesto, el ejercicio no concluye ahí, sino que tienes que idear metas y objetivos desde el futuro al presente que te permitan trabajar ahora mismo.

Así la prospectiva es el ejercicio más estratégico, en cuanto a que se puede anticipar el futuro y comenzar a construirlo en este momento. La prospectiva no es determinista, es decir, no vierte todo al destino, y esto es muy motivante ya que te permite influir sobre el futuro que deseas.

¿Cómo te ves en cinco años? Haz el ejercicio, crea los tres escenarios y pregúntate cómo puedo alcanzar ese futurible. En fin, sí puedes influir sobre tu futuro. Lo importante es movernos en diferentes plazos, corto, mediano y largo. No dejar de vivir el ahora, pero tampoco dejar completamente a la deriva tu futuro a largo plazo, este resulta determinante en el tema de inteligencia financiera, pero ya lo veremos como una habilidad más adelante (H10: Inteligencia financiera).

Cualquier estrategia está determinada en gran medida por el entorno y particularmente por las personas. Una estrategia no es un acto en solitario, es decir, implica los intereses y las voluntades de los demás.

Tal vez imaginar y decidir cómo preparar un pastel en tu casa sea un ejemplo aislado sobre cómo conseguir un objetivo, sin embargo, la consecución de objetivos mayores y más complejos, como conseguir el empleo que deseas, estudiar en determinada universidad, o ser accionista en tal empresa, incluye la ayuda o los obstáculos puestos por el entorno y por las personas (digamos encontrar a tu pareja). Pocas veces vamos solos en una estrategia.

Los animales deciden qué hacer, frente a situaciones de un sólo significado (monosémicas). Por ejemplo, el significado: caer para un gato, lo lleva a dos posibles decisiones: 1. Caer patas arriba ó 2. Caer patas abajo.

Las personas por el contrario tenemos que elegir qué hacer de entre muchas posibilidades. Ante un mamut si asocio "peligro: estrategia de huida. Si comida: estrategia de caza (...) La polisemia (múltiples significados, a diferencia de los animales un solo significado) está en el origen de las estrategias humanas". (Pérez, 2012 pág. 27)" (Guarneros, Tesis doctoral, pág. 105)

Los autores del libro "Pensar estratégicamente", Avinash K. Dixit y Barry J. Nalebuff dicen que: "Pensar estratégicamente es el arte de superar a un adversario a sabiendas de que el adversario está intentando hacer lo mismo con uno", aunque ahora también la estrategia no sólo significa derrotar al otro, sino colaborar con los demás, es decir, según Rafael Alberto Pérez se pueden diseñar estrategias de confrontación, pero también estrategias de colaboración.

Las estrategias de confrontación surgen hace muchos años en el ámbito bélico, en donde lo importante era derrotar a los otros, con el propósito de defender las tierras o apropiarse de ellas, por ejemplo. En teoría de los juegos se diría que en los juegos de *suma cero* sólo se benefician unos jugadores (los triunfadores) a expensas de los otros (perdedores).

El fútbol, por ejemplo, deja de ser una estrategia de *suma cero*, pues existen los empates.

Se dice que los orígenes conceptuales y teóricos de la estrategia inician en China con Sun Tzu en su tratado "El arte de la guerra" escrito alrededor del año 360 a. de C. Posteriormente, la teoría y la práctica sobre estrategia se continuó con el político y militar romano Julio César, y el conquistador griego Alejandro Magno.

Al respecto Eckart Tolle en su libro "Una nueva tierra" establece que: "Por estos días oímos con frecuencia la expresión `guerra contra´ esto o aquello, y cada vez que lo oigo, sé que se trata de una guerra condenada al fracaso. Hay una guerra contra las drogas, una guerra contra la delincuencia, una guerra contra el terrorismo, una guerra contra el cáncer, una guerra contra la pobreza, y así sucesivamente" (2019, págs. 75)

Y continúa diciendo que: "La homeopatía y la medicina china son dos ejemplos de posibles alternativas de tratamiento que no ven a las enfermedades como al enemigo y, por consiguiente, no crean nuevas enfermedades (...) La guerra es una forma de pensar, y todos los actos derivados de esa mentalidad tienden, o bien a fortalecer al enemigo, la supuesta maldad o, en caso de ganar la guerra, a crear enemigos nuevos, males nuevos, generalmente iguales o peores al que fue derrotado" (2019, págs. 75-76). Vale la pena adquirir una mayor conciencia, ¿no crees?

Por otro lado, y distinto a las estrategias de confrontación, las estrategias de colaboración no tienen como objetivo derrotar al otro, sino, unirse para lograr objetivos comunes, buscar un ganar-ganar (win-win), no ganar- perder.

Regresando a la teoría de los juegos, también se mencionan los juegos de *suma distinta a cero,* aquí la ganancia de un jugador no necesariamente debe corresponder a la pérdida de otro, puede haber un ganar-ganar, producto de una estrategia de colaboración. La negociación es un claro ejemplo de estrategia colaborativa, entendiendo negociación como una interacción entre las partes con el objetivo de generar beneficios para ambas.

Pero, vayamos reenfocando. La razón de ser de cualquier estrategia es la consecución de las metas y objetivos que deseamos alcanzar ya sea como individuos o como organizaciones. Una estrategia inicia por imaginar cómo podemos conseguir alcanzar cierta meta previamente definida (obviamente en un futuro), y después cómo ejecutarla a través de un conjunto de tácticas (acciones concretas, específicas). Aquí esos cómo podemos lograr los objetivos, son equifinalidad, es decir, diferentes formas (no sólo una) de alcanzar una meta.

Si no tienes metas y ni objetivos, no hay razón de ser de alguna estrategia.

"La planificación a largo plazo no es pensar en decisiones futuras, sino en el futuro de las decisiones presentes"
Peter Drucker

De esta forma, "una meta es un propósito. Describe lo que está tratando de conseguir en términos generales (...) Un objetivo también describe lo que trata de conseguir. La diferencia es que el objetivo es lo que está intentando lograr en términos específicos. La sigla usada para ayudar a desarrollar un objetivo es SMART (por sus siglas en inglés): específico, medible, realizable, relevante y limitado en tiempo. Los objetivos deben cumplir con estos criterios y fluir directamente de las metas que ya estableció" (Horwath, R. 2014, pág. 16)

A su vez, ya que tengas definidos tanto las metas como los objetivos, "entonces podemos determinar la estrategia, el camino para alcanzarlos. La estrategia y la táctica determinan cómo conseguirá sus metas y objetivos, cómo distribuirá sus recursos para tener éxito". (Horwath, R. 2014, pág. 17)

A continuación, te presento la tabla denominada "Marco GOST", la cual jerarquiza para su mayor comprensión los términos: meta, objetivo, estrategia y táctica.

Marco GOST (MOET)

Goal (Meta)	Objetive (Objetivo)	Strategy (Estrategia)	Tactic (Táctica)
Qué	Qué	Cómo	Cómo
General	Específico	General	Específica

Horwath, R. (2014, pág. 16)

Como puedes observar, tanto las metas como los objetivos responden al qué deseas lograr, la diferencia es que la meta es general y los objetivos son específicos. Por otra parte, las estrategias y las tácticas responden al cómo lograr alcanzar los objetivos, o llegar al lugar deseado. Lo que diferencia a la estrategia de la táctica es que la primera es un planteamiento general y la segunda un planteamiento específico.

Pero te podrás preguntar: ¿aún con los tiempos tan cambiantes que estamos viviendo vale la pena pensar y ejecutar estrategias?

Por supuesto que sí, justo es más necesario hoy en día. Hay una gran diferencia entre visualizar a dónde quieres llegar y crear un mapa que te permita avanzar hasta llegar, o simplemente dejar que el futuro te alcance sin que te lo esperes.

"Si no puedes imaginarte que una acción particular te va a traer felicidad o una sensación de satisfacción por lo logrado, comprensiblemente no vas a tener muchos incentivos para planearla, y mucho menos hacerla"
Richard Davidson

Sí, tal vez no llegues a ese futuro con total exactitud, tal y como lo querías, sin embargo, sí estarás en condición de aproximarte, y por qué no, en el camino podrás reorientar tu rumbo si ves que no era lo que querías.

Una estrategia para nada es o debe ser rígida, por lo que se convierte en necesario no pensar en que desarrollar e implantar una estrategia significa que se convierta en inalterable, al contrario, esta se amoldará a las circunstancias sin perder de vista la gran meta y los objetivos a alcanzar.

Ahora puedes ver que la estrategia ayuda a anticipar y diseñar el futuro, y vivir el presente a través de pequeñas acciones que te vayan dirigiendo a tu meta. Sí, vive tu presente al máximo, pero sin que te produzca inquietud, al contrario, que genere en ti entusiasmo, ve posibilidades futuras actúa ahora y ten paciencia con los resultados.

"No debe juzgarse una idea según sus resultados inmediatos"
Nikola Tesla

Tener un enfoque de diseñador de estrategias significa ponerte unas lentes para ver de forma integral, y reconocer las interacciones entre las partes, anticipar futuros deseados y actuar desde hoy para conseguirlo.

Además, como buen diseñador de estrategias debes: Diagnosticar, anticipar escenarios, crear metas y objetivos, diseñar en sí la estrategia y acciones, y evaluar el proceso y los resultados alcanzados. Esto lo podrás desarrollar en la práctica con ayuda del capítulo 4 a partir del Modelo para el desarrollo de tu estrategia personal.

Con toda honestidad ¿qué tanto ves interconexiones o partes aisladas, inconexas? ¿Qué tanto anticipas escenarios? ¿Qué tan estratega te consideras?

[illegible] los patronos [illegible] dificil [illegible] convierte una relación tirante [illegible] las negociaciones entre las partes, [illegible] [illegible] para [illegible].

Además, [illegible] que [illegible] [illegible] en su estrategia [illegible] [illegible] [illegible] del Madrid [illegible] ocupación parcial.

Por todo lo expuesto [illegible] [illegible] [illegible].

3.3 H3: Autoconciencia

"Solamente hay una fuente de maldad en nuestro planeta: la inconsciencia humana
Eckart Tolle

Bienvenido a la sociedad (economía) del autoconocimiento.

Sí, claro. Quien goza de mayor autoconciencia está en plenitud de tener una mejor vida, aquella que *conscientemente* decida tener. Se ha comprobado que la mente subjetiva puede modificar la realidad objetiva.

"El mundo exterior y la conciencia son interdependientes y correlativos. Sin observador no hay objetos, solo un vasto campo de energía"
Robert Lanza

Pero, de qué va el término autoconciencia, qué significa y de qué forma determina nuestro andar por este mundo, cómo influye en nuestra vida personal y profesional.

La palabra conciencia tiene distintas acepciones. Su origen viene del Latín *cum scientia* que se puede traducir como "con conocimiento", que cuenta con conocimiento.

Una de esas acepciones está relacionada con el sentido ético en tu actuar. Es decir, ser consciente al actuar, tener una visión amplia que te permita evaluar la repercusión de tus decisiones y de tus actos.

Al respecto hay un principio ético práctico: lleva a cabo todo aquello que te llene de alegría a ti y a los demás, realiza aquello que no te dañe a ti y ni a las personas (y a cualquier ser vivo). Ya lo dije antes, la ética se convierte en el mejor negocio en este siglo. Si cuidas de ti y de los demás, incluido el ambiente, esto te permitirá enriquecerte en todos los sentidos.

Mantener el bienestar integral (acá hay mucho de conciencia comunicativa y visión sistémica H:1), traerá beneficios personales, profesionales, sociales, globales.

Otra acepción del término conciencia, se relaciona con la habilidad que tienen los seres vivos para conocer, comprender y adecuar su comportamiento, gracias a la interacción con otros seres humanos y con el entorno, es decir, ser consciente permite a través de la comunicación con nosotros mismos y con el exterior estar atentos.

Por ejemplo, las drogas alteran la atención de nosotros mismos y de aquello que nos rodea, de aquí que muchas veces se consuman para anestesiar, para reducir la conciencia, y también es común que se cometan actos indeseados bajo el influjo de estas.

La conciencia al ser un estado de alerta, de atención, significa que a través de ella es que percibimos *nuestra* realidad (adelante explico el por qué *nuestra*), nos permite estar presentes, y nos permite interactuar con la información recibida.

Por qué *nuestra* realidad, por que cada uno hace una interpretación de la realidad que en sentido estricto es una. O dicho en palabras del escritor alemán Eckart Tolle: "Nunca es la situación la causa principal de la infelicidad, sino lo que pensamos de ella. Debemos tomar conciencia de nuestros pensamientos y separarlos de la situación, la cual siempre es normal y siempre es como es" (2019, pág. 95).

Para explicarte esto me apoyaré una vez más en Paul Watzlawick, filósofo y psicólogo de la Escuela de Palo Alto, California. Él estableció que existe una realidad de primer orden, que es la realidad tal y como existe, la realidad objetiva, la realidad física sin ser interpretada. Esto es, si el clima es frío, es frío; la vida es vida, y la muerte es muerte; la lluvia es la lluvia, así como el pan es pan.

Por otra parte, Watzlawick se refirió a la realidad de segundo orden como una realidad subjetiva, es decir, percibida e interpretada por cada uno de nosotros de manera subjetiva (¿te suena aquello de que cada cabeza es un mundo?) a partir de tu cultura, de tus experiencias, de tus creencias, de tus expectativas, de tus deseos, de tus apegos, de tu nivel de conciencia, etc. De esta forma, el clima frío puede parecerte el peor clima, pero a otra persona puede parecerle el mejor clima.

El que tu jefe haya hecho un gesto durante tu presentación en esa importante reunión con los más altos directivos, según lo interpretes puede hacer que te desconcentres por completo y que tu presentación que iba bien se convierta en algo no deseado.

Lo que es una gran verdad es que tú tienes la capacidad de reinterpretar tu realidad siendo consciente de la forma en que interpretas la vida. La forma subjetiva en que traduces la realidad de primer orden, determina si la vida para ti es una gran oportunidad, una travesía o una gran tragedia.

Considero que quien no aprende a ser consciente, termina haciéndose daño a sí mismo y a los demás.

"El miedo hace realidad aquello a lo que uno le teme"
Viktor Frankl

¿Y qué hay con el término autoconciencia? La autoconciencia es precisamente un estado de atención sobre cómo estamos percibiendo e interpretando lo que nos sucede, en otras palabras, ser autoconscientes nos deja ver cómo estamos pensando y cómo nos sentimos ante ciertas situaciones.

Pero además ser autoconsciente te permitirá replantearte y cambiar aquello que tengas que modificar para tu beneficio y el de los demás.

La habilidad de ser autoconsciente es trascendental para el éxito (sea lo que tú decidas que sea éste), evita en primer lugar ir por la vida en automático. ¿Sabes los efectos positivos y negativos que tiene sobre tu mente y tu cuerpo el nivel de autoconsciencia que tengas? ¿A dónde te puede llevar actuar el mayor número de ocasiones en automático?

Actuar en automático es contrario a ser autoconsciente.

Estar consciente es estar atento, es estar presente. Y ¿de qué me sirve estar consciente, estar atento, estar presente?

Sirve de mucho, es fundamental para llevar una vida personal y profesional satisfactorias. Cuando no estás atento al presente, tu mente empieza a correr desembocada, y los problemas llegan cuando nuestra mente visita los ahora inexistentes pasado y futuro.

"La mente se distrae porque está desenfocada del presente. Una mente caótica se caracteriza por comparar constantemente la calidad de las experiencias de hoy con las del pasado o, en su caso, anula la presencia del presente con las esperanzas y los ensueños del futuro"

Jorge García Montaño

Lo único que goza de existencia es el momento actual, aunque inmediatamente el momento actual dejará de existir, pues se convierte en pasado. De la misma forma el futuro sólo existirá cuando el presente lo alcance. Mientras tanto ninguno de los dos, ni pasado ni futuro existen justo ahora.

Esto no es asunto de dogmas, es un asunto de vivirlo y comprobarlo en tu propia persona, de hacerlo consciente.

Lo disfuncional de no ser conscientes cuando nuestro pensamiento está situado en el pasado es que generamos fantásticamente situaciones, aunque imaginarias/intangibles con repercusiones físicas tangibles en nuestros cuerpos.

Gran parte de los miedos que sentimos son denominados miedos psicológicos.

Los miedos psicológicos son creación de nuestras poderosas mentes. Nuestra mente fantaseando en el pasado sonaría así: Siempre he fracasado, por qué tendría que ser distinto; imposible, no puedo cambiar; de acuerdo con lo que he vivido: "yo no nací para amar", etc., etc.

Y en el futuro sonaría de esta forma: Nunca encontraré un buen empleo; y si me despiden; y si pierdo mi dinero, y si pierdo a toda mi familia, y si me infecto, etc., etc.

Tomar conciencia cambia la percepción, y cambiar la percepción es cambiar tu universo, tu realidad.

"Lo que percibimos como realidad es un proceso que exige la participación de nuestra conciencia"
Robert Lanza

Casi siempre nos dejamos arrastrar por pensamientos automáticos, por la inconsciencia. Pocas veces estamos atentos, y muchas veces somos reactivos. Decidimos sobre prejuicios, sobre modelos de pensamiento que hemos arraigado.

El miedo nosotros mismos nos lo provocamos sin apenas darnos cuenta. Por ejemplo, hace algunos días me llamó Elizabeth, y por anticipado de forma totalmente reactiva me dije "uy, malas noticias". Contesté para decirle que estaba en una videoconferencia, y amablemente me dijo que me llamaba después.

Todo ese tiempo me di cuenta de que me estaba dejando llevar por mi pensamiento catastrófico, perdí un poco la concentración y empecé a generar un escenario que hasta en lo físico lo empezaba a resentir. Cuando recibí la segunda llamada traté de ser más consciente, de estar atento, sin imaginar alguna situación que aún no sabía si existía. Para mi sorpresa, quien me marcaba nuevamente sí era Elizabeth, pero Erika Elizabeth. Resulta que en esta ocasión no se presentó como Erika, como lo había hecho las anteriores veces, y para nada eran malas noticias, al contrario. Mi mente fue la que me estaba haciendo una mala pasada.

Por cierto, la otra Elizabeth, nunca me llamó para darme malas noticias. Este es un ejemplo de pensar en automático, de manera reactiva.

Ser autoconsciente te permitirá rehacerte en lo mental y en lo físico. Muchos de los problemas cotidianos es que pensamos de manera errónea, creando dramas futuros o recreando dramas pasados.

"Detrás de la ansiedad y de cada emoción exagerada -sí siempre- existe un pensamiento catastrófico"
Adrián Jaime

Acá el asunto es que los pensamientos, aunque sean de naturaleza intangible, producen reacciones tangibles en nuestros cuerpos y en nuestros actos.

Cuando ante un pequeño error que tuviste, imaginas que te despedirán, tu cuerpo se prepara química y físicamente para huir, o para enfrentar, para pelear. En ese momento tu cerebro no sabe distinguir entre una situación real de peligro (que un auto se te venga encima) o una situación imaginada, tu cerebro envía información a todo tu cuerpo y éste químicamente segrega cortisol y adrenalina, y en consecuencia tu cuerpo se prepara para salir corriendo a toda velocidad, o para atacar con todo la fuerza posible.

Eckart Tolle lo dice de esta forma: "Si bien el cuerpo es muy inteligente, no está en capacidad de distinguir entre una situación real y un pensamiento. Reacciona a todos los pensamientos como si fueran la realidad. No sabe que es apenas un pensamiento".

Y continúa: "Para el cuerpo, un pensamiento preocupante o amenazador significa, `Estoy en peligro´, llevándolo a reaccionar de conformidad, aunque la persona esté descansando en su cama en la noche. El corazón se acelera, los músculos se contraen, la respiración se hace más rápida y se acumula la energía. Pero como el peligro es solamente una ficción de la mente, esa energía no tiene por donde desfogar. Parte de ella retorna a la mente y genera más pensamientos angustiosos. El resto de la energía se vuelve tóxica e interfiere con el funcionamiento armonioso del cuerpo" (2019, págs. 129).

Desde luego, si hablamos de consumo energético (capítulo 2 Termodinámica), después de esos episodios auto creados sentimos que corrimos un maratón. Y si dejas que esto te pase muy seguido quiero ver que tan cargado de energía te sientes.

También te confío, que ya empiezo a descubrirme, a cacharme, a hacer consciente que ante ciertas situaciones (comúnmente imaginadas), parezco un gato en peligro, ya sabes que se les eriza el pelaje y levantan el lomo. En mi caso, tenso los hombros y los llevo hacia arriba. Darme cuenta de esto, me permite corregir mi postura y relajarme, evitando los dolores de cabeza tensional que me provocaba. Pero sobre todo reviso la forma en que estoy pensando en ese momento. Al relajar tu mente, tu cuerpo también se relaja.

Por suerte, si trabajas contigo puedes hacerte cada vez más autoconsciente. Esto te permitirá vivir mucho mejor en lo personal y en lo profesional, serás más feliz, más efectivo y eficiente.

Está comprobado que tienes todas las capacidades para modificar tus patrones de actividad cerebral, a través de la neuroplasticidad o plasticidad cerebral.

Richard Davidson psicólogo y psiquiatra en la Universidad de Wisconsin dice que la neuroplasticidad es la capacidad de cambiar la estructura y los patrones del cerebro de manera significativa, no sólo durante la infancia, sino también en la edad adulta y, en general, a lo largo de toda la vida.

En otras palabras, tus pensamientos pueden cambiar la estructura y patrones de tu cerebro, de aquí la importancia de cuidar la calidad de los mismos. Puedes cambiar intencionalmente tu propio cerebro generando nuevas conexiones entre tus neuronas.

"El verdadero problema se encuentra aquí -dijo el Dalai Lama señalando su cabeza" De El libro de la alegría

Así como los pensamientos negativos hacen creer a nuestro cerebro que estamos bajo amenaza, la neuroplasticidad permite reconfigurar tu cerebro de manera positiva liberando serotonina, la llamada hormona de la felicidad.

Lo más importante es estar presente el mayor tiempo posible, y esto se facilita con la meditación, y no necesariamente debes prender incienso, sentarte en forma de flor de loto y vestir una túnica.

En sentido amplio meditar es traer tu mente al momento actual, evitando que vaya y se sitúe en el pasado o en el futuro. Si cuando te estás duchando por la mañana en lugar de pensar en lo que hiciste ayer y en lo que tienes que hacer hoy, te concentras en la temperatura del agua sobre tu cuerpo, en el olor del jabón y el vapor que se produce, estarás presente esto es una forma de meditación. Un baño puede pasar como un acto automático o como una experiencia consciente, sólo esta última te reconforta.

Claro que es fundamental pensar para aprender de lo pasado, y para planear tu futuro, pero también debes hacerlo de manera consciente, de lo contrario pensar sería improductivo, y como ya lo hemos revisado hasta dañino, por que cómo dice el escritor y psicólogo Martin E. P. Seligman: "Como se piensa así se siente".

El pensamiento debe ser una herramienta a tu entera disposición, y no un acto involuntario y descontrolado.

"Lo que piense cuando las cosas salen mal, lo que diga para sus adentros cuando tropieza con un obstáculo, determinará lo que ocurra después"
Martin E.P. Selligman

Haz un esfuerzo por pensar de forma adecuada, evita distorsionar. Las depresiones surgen de pensamientos negativos reiterados, y más adelante se convierten en pensamientos "horribles/terroríficos" de ellos mismos, de su pasado y de su futuro.

Albert Ellis fue un destacado terapeuta cognitivo y desarrolló la TREC, la Terapia Racional Emotiva y Conductual. Lo primero que establece la TREC es: "Usted puede escoger sus emociones y sus conductas". Qué inspiradora realidad, nada está determinado en ti, sí puedes cambiar. Bajo otro enfoque tenemos la posibilidad de la neuroplasticidad.

Hay una gran cantidad de creencias erróneas y son las que nos la hacen pasar mal.

"El grado de "espiritualidad" de la persona tiene que ver con su estado de conciencia. Esto determina a su vez la forma como actúan en el mundo y se relacionan con los demás"
Eckart Tolle

A grandes rasgos te comparto cómo se emplea la TREC. La vida te presenta alguna **Adversidad**: por ejemplo, querer triunfar en el trabajo, pero fracasas. Enseguida vienen a ti una serie de **Creencias**, comúnmente Creencias erróneas, irracionales acerca del rechazo y el fracaso: "¡Fracasar es horroroso!", "¡Nunca debo fallar!", "¡Me han rechazado, no sirvo!", etc. Después vienen las **Consecuencias**, por ejemplo, sensaciones de ansiedad y depresión, y con ello conductas destructivas como: no intentar buscar un mejor empleo, pues yo mismo me he degradado.

Lo que invita a hacer la TREC es: obligarte a pensar, sentir y actuar de forma distinta. Así, que "un enérgico y perseverante Cuestionamiento de sus Creencias Irracionales y autodestructivas le puede ayudar inmensamente" (Ellis, 2018, pág. 40)

Algo muy importante que destaca Ellis es que "debido a nuestra naturaleza, solemos imaginar los peligros más grandes de lo que pudieran llegar a ser. Así que sobrevivimos, muchas veces miserablemente, con exagerado pánico y huidas (...) no convertir en horribles las cosas muy malas suele funcionar mejor" (2018, pág. 72)

No es que no existan situaciones y cosas malas en la vida, sin embargo, si reconoces que solo son malas y no horribles, te dejará mejor parado para enfrentar las adversidades. "Malo nunca significa horrible" (Ellis, 2018, pág. 73). Mucho ojo: "Nada será cien por ciento malo porque siempre podría haber algo peor (...) si califico a mi mala fortuna de horrible abro paso a la depresión" (2018, pág. 55).

"Todas la batallas importantes se libran dentro de uno mismo"
Sheldon Kopp

Por otra parte, Martin Seligman en su libro "Aprenda optimismo" (2006, pág., 280) establece un ABC (DE) para enfocar de una forma distinta y más adecuada las adversidades propias de tu vida. Aquí un ejemplo de esa metodología:

Adversidad: Pierdes una venta fácil.

Creencia: Piensas que como vendedor eres una calamidad.

Consecuencia: Te sientes todo el día deprimido. Y aquí llega el momento de reenfocar.

Discusión: "Será que por haber perdido una sola venta soy un fracaso. Parece una afirmación exagerada, de tipo todo o nada" (blanco o negro, ¿y la amplia escala de grises?).

Resolución: "Sin duda duelen los pequeños tropiezos, pero solo son eso, pequeños tropiezos, de los cuales puedo sacar aprendizaje y poco a poco mayor habilidad".

Trabaja en ser autoconsciente, de lo contrario el estrés hará su trabajo sobre tu mente y tu cuerpo.

Recuerda que: Ante los hechos propios de la vida, tú desarrollas pensamientos positivos o negativos, y éstos generan efectos emocionales en ti. Así es como por una parte, tener hábitos pesimistas pueden convertir un pequeño contratiempo en una catástrofe; y por otra, tener respuestas positivas a las situaciones harán que encuentres oportunidades en cualquier circunstancia.

"La mayor arma contra el estrés es nuestra capacidad de elegir un pensamiento en lugar de otro"
William James

Hasta ahora, ya podrás entender que el estrés en gran medida es debido a nuestra inconsciencia. El estrés es por el resultado de cómo percibimos, interpretamos la realidad de 1er orden, la realidad física, la realidad objetiva.

Acá la fórmula infalible para una buena dosis de estrés desbordante:

Piensa de manera negativa ante cualquier situación que vivas, y siéntela en consecuencia, pero además súmale el elemento dramatización (tírate al suelo), y la idea preconcebida de que no hay sucesos malos en tu vida, sino terribles.

"Ni tus peores enemigos te pueden hacer tanto daño como tus propios pensamientos"
Buda

Por el contrario, ¿existe una fórmula para disminuir el estrés paralizante y patológico?

Tal vez este sea uno de los caminos:

Diferencia entre realidad objetiva (la situación tal y como se presenta) y realidad subjetiva (cómo es que interpretas lo sucedido, cómo la filtras). No eches a andar tu mente sin control, elige pensar de forma adecuada. Hazte cada día más consciente. ¿Cómo? Meditando, viviendo más aquí, estando más atento, cachándote más en tus distorsiones de la realidad y en tus dramas. Hazte responsable.

Por otra parte, con toda conciencia, crea espacios específicos en dónde pongas en marcha tus pensamientos para planear y resolver, aquí sí es útil y necesaria la mente.

No te preocupes de más, recuerda que la condición de ser humanos nos hace falibles, fallamos y nos equivocamos, pero eso no quiere decir que no podemos aprender y crecer.

Evita tomarte demasiado en serio, no te manejes en los extremos blanco-negro, muévete hacia la "mediocridad" en el sentido en que lo entendían los clásicos en Grecia, muévete en el "justo medio". En la gama de grises hay mayores posibilidades que en los extremos.

Por último, así como limpias tu celular y tu computadora de contenidos innecesarios, y vacías la papelera, así deberás limpiar tu RAM mental. Ten en cuenta que tu software cerebral debe estar al "cento per cento" para que tenga su mejor desempeño, y ahí tienes una excelente "app" llamada: neuroplasticidad.

En varios momentos de tu vida tendrás que desaprender (depurar) aquello que ahora ya no te es útil, y dejar espacio para conocimientos y hábitos más pertinentes que te ayuden a crecer. Por ejemplo, desaprende el hábito de reaccionar, y sustitúyelo por el de ser cada vez más autoconsciente.

"Si un hombre observa con atención y agudeza, verá a la fortuna, ya que, si bien es ciega, no es invisible"
Francis Bacon

¿En qué estás pensando justo ahora? ¿Qué emoción tienes en este preciso momento? ¿Qué espacios de posibilidad se abren o se cierran para tu vida pensando cómo lo estás haciendo?

3.4 H4: GESTIONAR EL CAMBIO

"No es que algunos tengan fuerza de voluntad y otros no la tengan. Es que algunos están dispuestos a cambiar y otros no"

James Gordon

Imagina que en el lugar en el cual estás sentado ahora es de concreto y está fijo al piso, el asiento es inamovible. Además, imagina una resistente liga elástica y pásala detrás del respaldo del asiento y por delante de tu pecho. Ahora imagina levantarte y desplazarte hacia adelante lo más que puedas. ¿Qué sucede? Sentirás resistencia, es decir, el elástico te regresará al sitio del cual quieres moverte.

Algo similar sucede cuando deseas cambiar, es decir, cuando quieres pasar del lugar al que te encuentras a otro. Por supuesto las resistencias emocionales son de un elástico muy poco flexible, y no digamos los elásticos de tus creencias y de tus pensamientos.

Lo interesante es que mientras más insistas en alejarte, el elástico empezará a ceder, se hará más flexible y poco a poco te permitirá llegar y mantenerte más lejos del lugar de origen, es decir, te permitirá cambiar.

Nuevamente evoquemos al neurocientífico y escritor Joe Dispenza quien nos dice que: "En el lenguaje científico, el funcionamiento de la neuroplasticidad del cerebro se denomina *podado* y *brotadura*, lo cual significa esto exactamente: eliminar algunas conexiones, estructuras y circuitos neuronales y crear otros nuevos (...) Cuando aprendemos cosas nuevas y tenemos nuevas experiencias, nuestro cerebro cambia literalmente" (2019, pág. 104), es decir, de alguna manera las conexiones de nuestro cerebro se hacen más flexibles, así como sucede cuando ejercitamos el elástico de nuestro ejemplo. Y el escritor afirma que lo más difícil en cuanto a cambiar, es no tomar las mismas decisiones del día anterior, esto es, lo difícil es evitar hacer lo mismo.

Dispenza menciona que "cuando comprendas que cruzar el río del Cambio y sentir ese malestar es en realidad la muerte a nivel biológico, neurológico, químico e incluso genético del yo antiguo, el cambio ya no te aterrará y podrás llegar a la otra orilla. Si aceptas que el cambio significa deshacer los circuitos que has creado al pensar durante años de la misma manera sin darte cuenta, podrás afrontarlo" (2019, pág. 107)

"El miedo se vence enfrentándolo: `¡Bienvenida, novedad, así me asustes un poco! Eres un reto, una posibilidad que me da la vida para actualizar mis recursos. Eres una opción para rejuvenecer´. ¿Qué duele un poco? No importa, los beneficios superan por mayoría a las incomodidades"

Walter Riso

Por otra parte, recuerda que Dispenza afirma que la "epigenética [*tiene que ver con las interacciones de nuestros genes con el medio ambiente*] nos enseña que nuestro destino no depende de nuestros genes y que un cambio en la conciencia humana puede producir cambios físicos en el cuerpo, tanto en la estructura como en las funciones (...) tú eres -y no tu biología programada- el que tiene las claves para tu destino genético" (2019, págs. 135-139). ¡Sorprendente! En sentido estricto eso significa que tu conciencia puede modificar tu genética, ésta no te determina. (Tú decides si por cuenta propia profundizas en este apasionante tema).

Indudablemente los cambios se facilitan si eres autoconsciente y puedes identificar lo que crees ahora y cómo ello influye directamente en la generación de resistencias.

"Un hombre es lo que él piensa durante todo el día"

Emerson

Recuperemos a los físicos David Bohm y David Peat, ellos nos dicen que:

Es poderosa "(...) la fuerte tendencia de la mente a aferrarse a lo que le resulta familiar y a defenderse contra aquello que amenaza con poner en serio peligro su equilibrio. A no ser que se prevean estupendas compensaciones, la mente no gustará de explorar su infraestructura inconsciente de ideas, sino que preferirá seguir adelante por caminos familiares" (2007, pág. 32).

Una vez escuché que en realidad los únicos que quieren cambios son los bebés, y específicamente el cambio de pañal. Los cambios naturalmente producen inquietud, pues partimos de un lugar, hasta el momento y en apariencia cómodo, a un sitio desconocido, incierto que no garantiza ser un mejor sitio.

Te confío que los mayores crecimientos que he experimentado en mi vida personal y profesional han iniciado con un sentimiento de miedo tal, que me pudo haber llevado a dar la vuelta y regresar a ese sitio familiar del cual pretendía partir.

Lo más alentador es que he descubierto que aquello que me produce miedo, una vez que lo enfrento, me ha dejado en mejor posición para poder tener mayores satisfacciones.

Tal y como sucede en cualquier narrativa o buena historia, siempre existe un conflicto, un par de antagónicos, de contrarios, de opuestos. Los cambios llevan consigo conflicto: un lugar en el que ahora estoy contra un lugar en el que (a veces inconscientemente) deseo estar. Además de los diferentes obstáculos que habrá que librar.

Prefieres un lugar conocido, aunque pequeño y pobre, y cada vez más insatisfactorio, pero seguro. O un lugar desconocido, pero más amplio, más rico, más satisfactorio, aunque de inicio no te brinde seguridad. Aquí el conflicto, ¿qué hacer con estos contrarios?

Se pueden reconocer al menos dos condiciones en cuanto a anticipar el cambio:

- Quien en apariencia desea el cambio, pero no es auténtico el deseo, es decir, en el fondo quiere seguir igual. Y, pues sí, también es válido. Cada uno decide sobre su vida.

- Quien quiere cambiar, pero no puede. Ya sea por la gran carga de resistencias que lleva; por que no ha visualizado con claridad a dónde quiere llegar; o sabe a dónde ir, pero no está preparado para emprender.

"Todo está en constante flujo, nada permanece quieto.
Nada perdura sino el cambio"
Heráclito

Lo que es un hecho y no es negociable es que la vida misma es cambio. Y la vida te da la chance de cambiar, pero si no lo haces, ella misma te da un "empujoncito" a veces doloroso. Creo que siempre será mejor gestionar y hacerte cargo de cambiar, de mejorar en lo posible. Siempre tenemos la posibilidad de desarrollar nuestra habilidad de Diseñar estratégicamente (H2) una mejor realidad.

Existen muchas metodologías y muchos modelos para enfrentar las resistencias y gestionar de mejor manera los cambios. Una forma es precisamente desarrollar tu autoconciencia (H3) para que te permita identificar cómo es que estás percibiendo la realidad, cómo la estás pensando, sintiendo y en consecuencia cómo estás actuando, interviniéndola.

El psicólogo Walter Riso habla de que cada uno de nosotros crea distorsiones que fomentan las resistencias al cambio. Aquí esas distorsiones:

a) *La resignación normativa,* que se traduce en expresiones cotidianas como: "Nada va a cambiar".

b) El *fatalismo conformista*. Algo así como: "El cambio no es conveniente".

c) La *baja autoeficacia*: "No seré capaz de enfrentar lo que viene".

d) *El imperativo categórico*. Que se refleja en expresiones como: "Las normas están hechas para respetarse". (2016, págs. 128-129)

Nuevamente, ser autoconsciente te permitirá identificar qué tipo de distorsiones pueden estar generando resistencias ante el cambio.

"Conocernos a nosotros mismos implica estar anclados en el Ser, en lugar de estar perdidos en la mente"
Eckart Tolle

Ser autoconsciente también te permitirá conocer qué deseas, no que desean los demás para ti.

"Un cambio en el comportamiento lleva a un cambio en las acciones y en los resultados"
David Allen

Los verdaderos cambios se producen a nivel conductual, es decir, cambias cuando actúas de forma distinta y de manera reiterada. En otras palabras, si quieres ser más puntual en tus citas, tendrás que hacer conciencia y cambiar ciertas conductas, y ya cambiadas repetirlas. Por ejemplo, debes "cacharte" en el momento, qué es lo haces o dejas de hacer antes de tu cita. ¿Te despiertas tarde? ¿te despiertas temprano, pero te mantienes en "stand by" durante mucho tiempo? ¿no preparas con anticipación lo que vestirás? ¿no planeas con anticipación el recorrido que harás?, etc.

Ya lo decía el científico social Gregory Bateson un cambio es un esfuerzo por mantener cierta constancia.

Una ida ocasional al GYM no hace ninguna diferencia en tu cuerpo, practicar una hora al mes tu idioma favorito no te hará bilingüe, meditar cuando recuerdes que tienes que hacerlo no te hará suficientemente autoconsciente, escribir sólo cuando te dan ganas no te llevará a obtener el Premio Nobel de Literatura.

Siempre será estimulante e inspirador tener una visión clara y atractiva (H8: Storytelling) del lugar al cual deseas llegar, es decir, debes tener muy claro el cambio que quieres conseguir.

El psicoterapeuta italiano Giorgio Nardone establece que "los seres humanos somos los artífices de nuestra realidad, se deriva de ello que podemos, dentro de ciertos límites, orientarla también hacia direcciones funcionales y positivas" (2004, pág. 122)

Nardone explica que los seres humanos aplicamos la lógica del autoengaño, que tiene que ver con ajustar la realidad a visiones personales. Es decir, como personas nos sugestionamos, ya sea de forma favorable o desfavorable.

Has oído hablar sobre profecías autocumplidas, éstas se basan en una predicción que tú haces, y que al suceder confirmas que tenías razón. Ojo, aquí la causa, tu predicción, fue la que hizo que se hiciera realidad.

Por ejemplo, tú mismo crees que no estás a la altura de ocupar un puesto de alto nivel (predicción) que se está promoviendo, en consecuencia, no haces algo para prepararte y alcanzar el puesto, una vez que se dan los resultados los cuáles indican que no has obtenido el cargo, te dices: "lo sabía, no estoy en condiciones para ocupar un puesto más alto".

Somos seres sugestionables, creamos nuestros propios autoengaños.

Otro ejemplo es el conocido efecto placebo. Imagina que padeces de insomnio consultas al médico y él te dice que con las pastillas que te prescribirá, desde la primera toma dormirás profundamente como bebé, comprobado. La realidad es que las pastillas no son un medicamento, son placebos. Pero al sugestionarte esas pastillas pueden producir el efecto en ti.

Lo anterior ha demostrado "que el autoengaño puede tener efecto, no sólo sobre las creencias y convicciones, y los consiguientes comportamientos, sino también sobre las reacciones fisiológicas de nuestro organismo" (Nardone, 2004, pág. 131)

Sin embargo, el autoengaño lo puedes diseñar a tu favor, de forma positiva.

Para que surta efecto el autoengaño, no solo debe haber un contenido lógico, racional, si no que "el componente emocional es esencial en esta experiencia, ya que la sugestionabilidad no es simplemente un proceso intelectual (...) Permitirse sentir emociones es una forma de entrar en el sistema operativo y programar un cambio, porque ahora le estás dando automáticamente las instrucciones al sistema nervioso autónomo para que empiece a crear la correspondiente bioquímica" (Dispenza, J. 2019, pág. 175), como si ya se hubiera dado el cambio.

La calidad de tus emociones es determinante para poner en marcha el proceso de sugestión. "El miedo, la sensación de inutilidad, la ira, la hostilidad, la impaciencia, el pesimismo, la competitividad y las preocupaciones no envían las señales a los genes adecuados para que el cuerpo esté más sano; al contrario, activan la respuesta de lucha o huida del sistema nervioso y preparan al cuerpo para una emergencia. Cuando esto sucede en lugar de usar la energía vital para curarte, la estás malgastando" (Dispenza, 2019, pág. 176-177).

Por el contrario, "si sientes la emoción de la gratitud *antes* de que la situación real ocurra, tu cuerpo (como mente inconsciente) empezará a creer que el episodio ya ha sucedido o que te está sucediendo en ese momento. Por eso la gratitud es el estado de quien acaba de recibir lo que deseaba" (Dispenza, 2019, pág. 177).

Una vez más, con la neuroplasticidad puedes reconfigurar tu cerebro de manera positiva (siendo autoconscientes, meditando).

Recuerdo un ejemplo que plantea en el libro "El placebo eres tú". Se narra que dos grupos de personas de la tercera edad harán un breve viaje de placer.

Al primer grupo simplemente se le invita a que la pase bien, al segundo grupo se le crea todo un ambiente que imita la época en la que ellos eran jóvenes sanos y fuertes, y se les invita a las personas a que a partir de la música, los peinados, la vestimenta, los programas de televisión, actúen como eran en aquella época.

Una vez que regresan del viaje, los resultados son sorprendentes. La mayoría de las personas del segundo grupo, mejoraron tanto su ánimo como su condición física. Haberse creído y sentido jóvenes cambió sus condiciones actuales. ¡Genial!

Por supuesto, no es suficiente decirse repetida, pero superficialmente "sí se puede", "soy muy positivo".

Como puedes ver, es impresionante el poder que puede producir enfocarte en aquello que deseas. Desde luego no basta imaginar el lugar deseado y cruzarte de brazos esperando pasivamente que el futuro llegue como lo quieres. Tienes que hacerte responsable, tienes que prepararte en el presente, actuar hoy, no con urgencia y desesperación, pero sí con paciencia y entusiasmo.

Una ocasión escuché una definición de entusiasmo y me la apropié, y entre muchas actividades que he elegido realizar, esa definición me ha permitido desarrollarme como conferencista y docente durante ya muchos años. Cada vez que salgo al escenario hago consciente lo siguiente: "Entusiasmo significa: Dios (o el universo) se agita dentro de mí".

"Las hojas cambian más rápido que los árboles, los árboles más rápido que los bosques y el tiempo cambia más rápido que el clima"

Jordan B. Peterson

Pues el entusiasmo puede ser un ingrediente determinante para iniciar y continuar el cambio. Bien lo dijo Gandhi: "Sé el cambio que quieres ver en el mundo". No puede ser de otra manera, el primer nivel para grandes cambios debe ser el personal, sin importar que parezca que tú y los demás no contribuyan a grandes cambios, que ello no te desanime, cambiar tú ya es un gran avance. De aquí que la apuesta de este libro sea mejorar como persona y en consecuencia como profesional, y como ser social.

Aquí la anterior idea expuesta de manera ejemplar por el Dalai Lama: "No hay bastante cuero para cubrir toda la Tierra para evitar espinarnos los pies, pero en realidad no hace falta. Con cubrir la planta de los pies, será suficiente". De inicio no te impacientes por querer cambiar el mundo, con que lo hagas en tu persona es suficiente.

Por último, en tu vida profesional también será indispensable que sepas gestionar el cambio, y debes disminuir las resistencias. Entre las estrategias existentes para llevar a cabo cambios organizacionales, te comparto la que propone John P. Kotter.

"La gran tarea directiva consistirá en saber establecer qué sentido y qué significación ha de generar una organización"
Rafael Alberto Pérez

Kotter propone su proceso de cambio de ocho etapas en su libro "El líder del cambio". Aquí parafraseo esos puntos de manera resumida:

1 Infundir el sentido de premura. Se trata de generar entre todos los integrantes de la organización un sentido de urgencia ante los cambios que tenemos que realizar para evitar juntos un desenlace no deseado. Kotter propone evitar el exceso de complacencia o comodidad ante la situación actual de la organización, de lo contrario las personas no verán una verdadera razón para participar del cambio.

2 Crear la coalición conductora. Los buenos con los buenos. Aquí debes consolidar un equipo poderoso que te ayude a dirigir el cambio. Los integrantes deben ser los primeros convencidos del cambio, y deben colaborar entre ellos para mantener el impulso.

3 Desarrollo de una visión y de una estrategia. Desarrollar un rumbo claro y atractivo que les permita ver a las personas los beneficios de emprender el cambio. Es más inspirador para los involucrados, construir y mostrar el paraíso a ser alcanzado, y lo mejor que lo pasaremos al estar ahí, es decir, al haber conseguido el cambio. Más adelante veremos lo útil de la habilidad H8: Storytelling para este propósito.

4 Comunicar la visión del cambio. Diseñar una estrategia que permita informar, convencer, involucrar y contagiar a las personas sobre el lugar al cual queremos llegar y cómo todos juntos lo haremos.

5 Facultar a los empleados el poder para emprender acciones de amplio alcance. Promover la disolución de obstáculos durante

el proceso de cambio. Ajustar y modificar las estructuras que puedan estar frenando el cambio.

6 Generar logros a corto plazo. Consolidar y reconocer pequeños avances por mínimos que sean. Mostrar los beneficios, aunque parciales del proceso de cambio. Lo anterior con la intención de mantener el sentido y la motivación entre los integrantes.

"Elogie el más pequeño progreso. Sea `caluroso en su aprobación y generoso en su elogios´"
Dale Carnegie

7 Consolidar las ganancias y generar más cambios. Aprovechar la consolidación de un pequeño cambio para sumar más. Reforzar los equipos con los elementos suficientes para soportar los siguientes cambios.

8 Arraigar los nuevos enfoques en la cultura. Consolidar las nuevas prácticas producidas por el cambio para sustituir prácticas inadecuadas en la nueva cultura. Reforzar los nuevos valores viviéndolos.

Si bien no hay recetas, sí existen modelos como éste que te ayudarán a desarrollar tu habilidad para gestionar tu cambio personal y organizacional.

Pues bien, avancemos. Las habilidades ya vistas y las siguientes te dejarán mucho mejor parado para intervenir de forma más efectiva y eficiente en esta nueva realidad. Pero antes date un momento para reflexionar a partir de los siguientes cuestionamientos.

¿La manera en que has afrontado cambios en tu persona ha sido la más útil? ¿Puedes descubrir autoengaños que te limiten y autoengaños que te ayuden a cambiar positivamente?

¿Tienes presente en tus habilidades profesionales la gestión del cambio? Si es así ¿Cómo has llevado adelante la gestión del cambio organizacional?

3.5 H5: Rehacerser para retomar el rumbo

"El hombre no es derrotado por sus oponentes, sino por sí mismo"
Jan Christian Smuts

Está claro que la única constante es el cambio. Nada permanece inalterable, hasta la roca más fuerte con el tiempo se modifica.

Tu labor es cambiar cuando lo consideres, cuando detectes que has superado tus expectativas actuales, cuando no te sientas satisfecho, cuando quieras tomar otro camino, cuando quieras retomar el rumbo.

Cada etapa de tu vida te replantea, y considero que lo mejor no es compararte con alguien, sino compararte con quien eras tiempo atrás.

"La vida nos pone en el camino las experiencias que más necesitamos para la evolución de nuestra conciencia"
Eckart Tole

Rehacerse ante la adversidad, o ante aquello que en apariencia es adverso. Hasta ahora ya tienes elementos para comprender que tú creas en gran medida tu realidad. Tú tienes la posibilidad de a través de tus pensamientos y emociones hacer de un episodio sucedido en tu vida una verdadera catástrofe o una oportunidad para ver nuevas opciones.

Es muy inspiradora y aleccionadora conocer cómo sucede la vida de un bambú.

Cuando se siembra un bambú y se le empieza a cuidar, puedes caer en la desesperación y desilusión de que nunca crecerá, pues durante muchos años no surge nada de la tierra.

Pero pasado mucho tiempo germina y surge de la tierra para no dejar de crecer alcanzando los 10 metros de altura en pocos meses.

Lo que pasa en todo ese tiempo es que crea las condiciones para construir bases fuertes que le permitirán desarrollarse y crecer sin temor alguno.

"El coraje no es la ausencia de miedo, sino la habilidad de actuar a pesar de él"
Desmond Tutu

Dos cualidades del bambú son su flexibilidad y su resistencia, tremenda paradoja. Estas características le permiten doblarse, pero no quebrarse. Tomando esto como analogía podemos ir mejor por la vida, esto es, todo irá mejor si eres flexible para aceptar lo inevitable, y resistente para levantarte y crecer alto.

Tolle se refiere a lo anterior y lo dice de esta manera: "Todo aquello contra lo que luchamos se fortalece y aquello contra lo cual nos resistimos persiste". En ocasiones habrá que sustituir la lucha por la aceptación. Por ejemplo, en lugar de pelear por mantener una relación laboral, que en el fondo sabemos que ya no es satisfactoria, aceptarlo y empezar a buscar oportunidades. No todas las estrategias de tu vida serán para confrontar (H2: Diseñar estratégicamente), sino para ceder en beneficio de algo mayor.

Una analogía adicional la podemos encontrar con el proceso de templado de metales (calentarlo y enfriarlo) para lograr la dureza y flexibilidad del metal que le permitan una vida útil.

Otra valiosa analogía es como se comporta el agua, ésta se adecua al recipiente que la contenga, sin oponer alguna resistencia. En ocasiones habrá que ser como el agua. No ser tan rígidos, en cambio ser más maleables. Regresando al bambú de nada le serviría estar rígido ante el viento, pues este terminaría por quebrarlo, en cambio al armonizar su flexibilidad con el paso del viento se mantiene intacto.

No está muy alejada esa situación de forjar tu carácter. Tener carácter no significa pasársela de mal humor insultando a las personas que pasen por tu camino. Tener carácter significa rehacerte a las situación por más adversas que parezcan, es decir, tener la paciencia, flexibilidad y dureza para aceptar aquello que no puedes cambiar y cambiar aquello que sí puedas.

Esto está directamente relacionado con lo que tú mismo consideres fracaso. Como pienses, como te sientas y como actúes, será directamente proporcional a lo que tú interpretes como fracaso.

"Las mentes grandes tienen propósitos; las otras tienen deseos. Las mentes pequeñas están dominadas por los infortunios, pero las mentes grandes se sobreponen a ellos"
Washington Irving

Comúnmente se accede al éxito transitando por el camino del fracaso, o al menos andando el camino con tropiezos, con baches, con desánimo, con desilusión. Y en ello no hay nada extraño, así es. Lo extraño es que tú mismo hagas de un pequeño bache en tu camino, un enorme socavón.

Como ya hemos visto la realidad es como es, ésta no es ni buena ni mala, el secreto es cómo la interpretas tú, como algo que puedes superar y aprovechar, o como algo terrible de soportar. Recuerda que para que el metal sea resistente pasa por condiciones extremas de calor y de frío, pero sólo así alcanza la debida resistencia.

Esto nos lleva a revisar dos términos: Dolor y sufrimiento.

Buda dijo que el dolor es inevitable y el sufrimiento es opcional. Es decir, la pérdida de un ser querido en sí misma es dolorosa, y tendremos que vivir el duelo, esto es inevitable. Si además a ese dolor sumas ideas como "pude haber convivido más con esa persona y no lo hice", "no podré continuar sin ella", "ella era todo en mi vida", "no lo podré superar", "nunca la volveré a ver", etc. ahora empezarás a sufrir.

Lo mismo aplica a las diferentes circunstancias inevitables de la vida.

Por ejemplo, perder un empleo indudablemente puede ser doloroso en sí, pero si además te dejas llevar por pensamientos como: "difícilmente encontraré un trabajo igual", "ya extraño a mis compañeros de trabajo", naturalmente sufrirás. Por experiencia propia, supongo que tú también lo has vivido, cada vez que he dejado un empleo ha sido para mejor en todos los sentidos, pues, conozco a nuevas personas y acrecento mi red, aprendo cosas nuevas, resurge mi entusiasmo por aportar lo que sé, obtengo mayores ingresos, etc.

"`El propósito de la vida´: evitar el sufrimiento
y hallar la felicidad"
Dalai Lama

No quiere decir que seas indiferente, que no escuches lo que estás sintiendo. Si te duele así será, no lo evites. Y sí, tendrás que desahogarte (solo o buscando ayuda). Lo que debes evitar es cargar el dolor con sufrimiento que tú mismo generes, pues te será más difícil levantarte.

Lo que sigue es rehacerte, lo que verdaderamente cuenta es lo que haces una vez que te levantas. Comer mejor, descansar mejor, pensar mejor, relacionarte mejor serán factores que favorezcan tu resurgir. Estarás bien templado, más sereno, más sabio y fuerte.

"Experiencia no es lo que ocurre. Experiencia es lo que usted gana con lo que ocurre"
Aldous Huxley

Lo que cuenta es la forma en que logras llenarte de fuerza, de nuevos sueños, de nuevas ilusiones. De agradecimiento por que a pesar de las circunstancias has encontrado nuevamente el entusiasmo.

Tanto en tu vida personal como profesional aprender la habilidad de rehacerte, es decir, de buscar sacar lo mejor de cada experiencia. Salir fortalecido de cada experiencia te situará mejor para desempeñarte óptimamente en todos los ámbitos de tu vida. "Quien conquista su espíritu es más fuerte que quien conquista una ciudad".

Antes de intentar levantar todo lo que crees que está mal en el mundo, basta con que tengas el carácter de levantarte a ti mismo, y ayudar a que se levanten quienes te rodean.

Repítete, pero con absoluta convicción: "Yo nunca pierdo, sólo gano o aprendo".

"Muchos de los fracasos en la vida los experimentan personas que no se dan cuenta cuán cerca estuvieron del éxito cuando decidieron darse por vencidos"
Thomas Edison

Concéntrate en lo aprendido durante y después de la situación adversa. Si realizas este ejercicio de manera responsable, sin culpar a la propia situación o a los demás, saldrás no sólo enriquecido, sino también inspirado para continuar, diciéndote "venga, qué más".

En el campo profesional, cada vez será más común tener que rehacerte a las situaciones, entonces entrenar desde ahora mejorará tu condición física y emocional, y llevarás mucha ventaja.

Identifica alguna situación adversa que hayas vivido ¿Cómo te sentiste? ¿qué pensaste y cómo actuaste ante esa situación? ¿de qué manera te rehiciste? ¿qué aprendiste de esa experiencia?

3.6 H6: GESTIONAR LAS PERCEPCIONES. IDENTIDAD E IMAGEN

"La gente no compra nuestros servicios, productos o ideas. Compran según imaginan que se van a sentir al usarlos"

Spencer Johnson

El conocimiento y reconocimiento son parte de un proceso permanente de cómo nos relacionamos con los objetos, con las personas, con la naturaleza, con la vida en general. Es decir, conocemos algo, o a alguien y más adelante reconocemos lo valiosos o no, que son para nosotros y en consecuencia los elegimos o los ignoramos.

Por ejemplo, llegas a tu nuevo empleo y empiezas a conocer a personas, más adelante las reconoces (reubicas) y eliges a aquellas con las cuales te identificas más, y son a las que buscarás para tomar el café en los recesos o para salir a comer.

Así mismo, el conocimiento y reconocimiento del otro, es propio de nosotros como seres de encuentro que somos, tú ayudas a confirmar mi identidad y viceversa. Y esto tiene que ver también con ayudar a desarrollar los diferentes roles que llevamos en nuestra vida a través de su identificación y reconocimiento. En un solo día te puedes y te pueden reconocer como: hermana, hija, estudiante, jefa de área, amiga, compañera de trabajo, ama de casa, novia, madre, maestra, etc.

Entonces, cualquier objeto o ser vivo tienen una identidad propia, es decir, tienen aquello que los hace ser lo que son, y al mismo tiempo los diferencia de los demás.

Aquello que los diferencia podemos denominarlos elementos de identidad, o tal cual identificadores. ¿Cómo logras diferenciar un árbol de limones de una palmera de cocos? ¿qué los diferencia? Claro, por la forma de sus hojas, por la forma y el tamaño de su tronco y sus ramas, por el fruto que producen, por el clima en donde se encuentran, por sus propios nombres, etc. Todos son identificadores, y sí ellos hacen ser al limonero un limonero, y a la palmera de cocos una palmera de cocos, esos identificadores los diferencian sin permitir confusiones.

Los identificadores de las personas no sólo se encuentran en el ámbito físico, sino también en el ámbito cultural, en el terreno de las creencias, de las costumbres, de los hábitos. Por ejemplo, además de que una persona tiene una complexión delgada, una estatura media, piel morena, sexo femenino, también cree en el universo, acostumbra a respetar a todo ser vivo, y tiene el hábito de comer todas la verduras crudas. Lo anterior la hace ser, y la diferencia.

Como seres humanos no podemos erradicar ser prejuiciosos, pues siempre a partir de las primeras impresiones, nos creamos predisposiciones positivas, negativas o de indiferencia de los objetos y de las personas. Y más adelante veremos cómo esa predisposición inicial, se traducirá en acciones hacia los demás.

"Nunca hay una segunda oportunidad para crearse una primera buena impresión"
Oscar Wilde

Como ya lo vimos, el hombre interpreta su realidad (es heurístico), todo le produce significados desde indiferencia hasta profundo interés. Todo con lo que nos encontramos en la vida lo significamos, esto es, le atribuimos significados. El color azul claro de una pared nos puede significar tranquilidad; una lechuga puede significar salud, o comida aburrida; un cielo nublado puede significar tristeza o simplemente un anuncio de que está por llover; un spot de una serie de tv te puede parecer interesante o algo tedioso.

Todo significa, y de aquí la importancia de gestionar nuestra identidad e Imagen, quieras o no, generamos percepciones en los demás.

Puedes estar totalmente claro de que eres el mejor en lo que haces (escribir una serie, hacer balances financieros, vender, dirigir equipos, realizar estrategias de mercadotecnia, etc.), pero si no te perciben como tal, como muy bueno, ante la mirada de los demás no serás el mejor, recuerda que no vamos solos por la vida.

Por otra parte, si no saben de ti, de tu existencia, de los beneficios que puedes aportar, ellos y tú estarán perdiendo grandes oportunidades de colaborar y hacer algo valioso, algo grande.

No se trata de crear una simple impresión de alguien que no eres, ni de determinar tu esencia como ser humano por tus habilidades personales y profesionales, se trata de redondear tu identidad de forma consistente y atractiva, para después buscar salir del anonimato. "Santo que no es visto (de manera atractiva) no es adorado" como lo expongo en mi libro "Más competitivas que pequeñas. Imagen corporativa a la medida de su empresa".

Y justo aquí entramos al tema de imagen.

Si bien te he explicado que la identidad es aquello que te hace ser (es decir, todo tu conjunto de atributos que tienes y que deseas incorporar) y al mismo tiempo te diferencia, hablar de imagen se refiere a aquella idea que se crean las personas en sus mentes a partir de que conocen la identidad de alguien o de algo.

Debido a nuestra cultura principalmente audiovisual, inmediatamente atribuimos que una imagen debe ser siempre visual, pero no todas la imágenes son vistas por nuestros ojos, y como lo anticipé arriba, hay un terreno muy interesante en las imágenes mentales y se convierte en necesario gestionar, pues ya revisamos que todo es susceptible de generar significados, imágenes mentales en las personas.

Dicho de otra forma, la imagen mental es una percepción que te creas, son las asociaciones que haces a partir de que conoces algo o a alguien. Esas asociaciones pueden ser positivas negativas o de indiferencia dependiendo de tus gustos, necesidades, deseos, propósitos.

El fenómeno que sucede es que una imagen mental, de naturaleza intangible tiene el potencial de influir sobre las conductas y convertirse en acciones tangibles a nuestro favor o en nuestra contra.

Por ejemplo, estás buscando empleo. La reclutadora comúnmente se empezará a crear una imagen (percepción, serie de asociaciones) de ti a partir de tu CV, que de alguna manera dejas en él rasgos de tu identidad: tu nombre, tu edad, tu género, tu profesión, tus habilidades, tu experiencia y una primera impresión de tu apariencia física (si incluiste una foto).

Si logras una primera entrevista presencial, la reclutadora confirmará o no lo que ella imaginaba de ti, y seguirá creándose una imagen tuya cuando le dejas ver más identificadores de tu identidad: cómo te diriges, cómo interactúas, cuál es tu timbre de voz, tu agilidad mental, etc.

Lo que se buscará en ti, es la congruencia que haya entre lo que dices que eres y cómo te muestras. La mejor forma de echar abajo tu buena imagen es establecer contradicciones permanentes entre lo que dices ser y cómo actúas. No checa que insistas en que eres puntual, pero en cada ocasión llegas tarde, o que eres emocionalmente inteligente, y casi siempre te desbordas por pequeñeces.

"Lo que ninguno de nosotros puede perdonar es el engaño deliberado, premeditado. Una vez que la confianza se pierde entre las personas o entre una persona y una corporación, esta desaparece para siempre"
Wally Olins

Pero regresemos al tema, de cómo la imagen mental tiene el potencial de desencadenar actitudes y conductas en las personas.

Si la reclutadora se forma una **imagen** (siempre a partir de tu identidad transmitida) **positiva** de ti, muy probablemente desarrolle una **actitud positiva**, es decir, tendrá una predisposición, un juicio, favorable hacia ti, y como resultado decidirá, **actuará**, de manera **positiva** y muy probablemente te contratará.

¿Vamos bien?

Entonces, ¿cómo es que una imagen mental (intangible) influye para que las personas actuemos de determinada forma?

Un ejemplo más:

Imagina que una marca de tenis está compitiendo con otras marcas para que tu la elijas a ella. Gran parte de sus estrategias de marca buscarán generar una identidad clara, sólida, atractiva y congruente, con la esperanza de que tú te crees una imagen de marca positiva.

Esos rasgos de identidad tienen que ver con características tanto tangibles como intangibles. Tangibles como la forma y confort de los tenis, colores, tipo de materiales utilizados en la confección. Intangibles como los valores de la marca, su trayectoria, lo innovadora que sea, y tal vez lo bien que se porte con sus empleados.

Si la imagen (percepción, asociaciones) que te creas es positiva, tendrás una actitud, predisposición positiva, y es muy probable que tu conducta sea positiva, es decir, comprarás esos tenis. Pero, aunque no los compres, seguirá siendo valioso para la marca que tú mantengas una imagen positiva, pues la persona recomendará a la marca o al menos no se encargará de hablar mal de ella por todas partes, y eso dentro de la sociedad de la información ya sería muy favorable para la marca de tenis.

"El marketing no es una batalla, no es una guerra, ni siquiera es una competición.
Es, en cambio, una oportunidad para ponerse al servicio de los demás. Es un acto generoso de ayudar a los demás a solucionar un problema, su problema"
Seth Godin

El objetivo de gestionar tu identidad, o la de algún producto, empresa, ciudad, es en primer lugar crear congruencia e integridad entre sus identificadores, que la identidad sea de una sola pieza; y en segundo lugar comunicar esa identidad de forma estratégica para producir en la mente de determinadas personas o grupo de personas, una imagen creíble, confiable y transparente. Esto indiscutiblemente te posicionará en un lugar en el cual tendrás muchas buenas posibilidades.

La intención es que no intentes hacer de ti alguien que no eres, se trata de sentirte cómodo, atractivo y competente sacando partido de eso que te hace peculiar. Puedes crear una lista de tus identificadores, eliminar, mejorar o incluir aquellos que vayan mejor con tus propios valores.

También puedes preguntarles a otros las cualidades y defectos que identifican en tu identidad, y evalúa la relación entre cómo te percibes a ti mismo y cómo es que te perciben los demás. Lo puedes hacer con personas de tu entorno más cercano (familiares y amigos), y en otros entornos profesionales (jefes, socios, colegas). Esto lo veremos en el Modelo para el desarrollo de tu estrategia personal.

Un último ejemplo para dimensionar el valor de la imagen mental o imagen de marca, pero ahora desde la percepción negativa.

Pensemos que se acercan las elecciones presidenciales. De acuerdo con la imagen que para ti tengan los candidatos (quiero entender que la imagen la crearías conociendo a profundidad la identidad, esto es, la propuesta la trayectoria, los pros y contras de cada candidato, y no sólo lo que superficialmente escuchas de ellos) desarrollarás una actitud y enseguida una conducta.

Si la imagen que te creas es negativa, muy probablemente tu actitud sea negativa (basta con que el candidato abra la boca para que sientas retortijones) y tu conducta sea negativa, es decir, no le darás tu voto. El mismo camino puede llevar a la indiferencia, que estaría entre lo positivo y lo negativo. Imagen de indiferencia, actitud indiferente y conducta de indiferencia.

Te puedes apoyar con la siguiente gráfica para que crees más ejemplos a partir de vivencias personales o de otros, en cuanto a la manera en que a partir de percibir una identidad, la imagen se convierte en conductas.

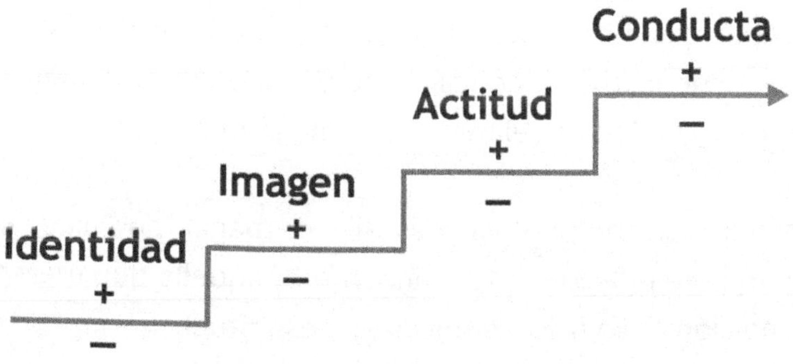

Lo queramos o no, vivimos generando imágenes mentales. Y esto no es ni malo, ni bueno. Lo que sí, es que debemos hacernos responsables de nuestra identidad y gestionarla a nuestro favor y a favor de los demás.

Y llegamos a una palabra casi satanizada: vender.

"Vender es más que un simple trabajo,
¡es un estilo de vida!"
Grant Cardone

¿Qué opinas acerca de que todos somos vendedores? O mejor dicho. ¿Qué opinas de que todos deberíamos ser vendedores?

La acción de vender siempre se asocia con intercambiar productos por una cantidad de dinero. Y sí, hay una gran parte de ello. Sin embargo, considero que vender está directamente relacionado con ofrecer algo con lo cual se puede ayudar a otros, es decir, ayudar a que los demás mejoren sus vidas conociendo e incorporando (comprando) aquello que los beneficiará.

Vender significa influir e inspirar, y hasta los actos más nobles como instruir o educar, requieren de cierta influencia e inspiración, tanto para el maestro como para el aprendiz.

Así mismo, comprar va más allá de pagar por algo, está directamente relacionado con incorporar aquello que mejorará mi condición en lo físico, emocional o espiritual.

Qué desafortunado es tener algo que compartir y que exista alguien que lo necesite y que no se puedan encontrar, que no puedan coincidir, y justo aquí radica el tema de que todos debemos ser vendedores, tú tienes algo que ofrecer desde tu profesión y desde tu persona.

"Cada persona, en cada profesión (abogado, médico, contable, ingeniero, maestro, taxista o conductor de autobús, mensajero, consejero, recepcionista, ejecutivo, animador, administrador, entrenador, cocinero, etc.), es un vendedor (...) todos y cada uno estamos en el negocio de persuadir a otros"
Zig Ziglar

Vender tampoco es bueno o malo, simplemente implica una serie de estrategias y tácticas para influir en las personas. Lo que sí es cierto es que se pueden utilizar estrategias para beneficiar o para perjudicar. Vender, es decir, influir e inspirar, sin un referente ético, sí puede ser perjudicial. El nazismo lo hizo muy bien, logró persuadir a muchísimas personas, pero sabemos el desenlace.

En el tema de "branding", es decir, el proceso de diseñar y construir marcas, el escritor Al Ries afirma que: "Para crear una marca de gran aceptación, necesita crear primero una categoría de gran aceptación" (2005, pág. 18) ¿Qué significa esto?

Las personas, ahora más que nunca, estamos impactadas por gran cantidad de información a través de muchos medios, mensajes en tu celular, tu tableta, tu computadora, la radio, los espectaculares, etc., etc.

Y lo que hacemos para lidiar con toda es información, es crear en primer lugar, algo que los psicólogos denominan percepción selectiva, es decir, por salud, tu mente filtra toda la información de acuerdo con tus intereses y deseos, de esta manera sólo registras parte de la información que recibes.

Por ejemplo, si navegas por internet, irás discriminando, evitando aquella información que ahora no es de tu interés (muchas veces no te das cuenta de este proceso), y sólo registrando aquella que ahora te es útil. Por eso es por lo que cuando ves una película, una segunda vez, detectas aspectos que antes no los habías captado. O cuando te gusta un auto y lo quisieras tener, pareciera que se multiplican en tu camino y ves más seguido que antes, aquí la percepción selectiva pone toda atención en identificar esos autos.

Por otra parte, adicional a la percepción selectiva, creamos en nuestras mentes una especie de archivero y en él vamos acomodando la información que recibimos para no colapsar.

Por ejemplo, cuando conoces a alguien a partir de la información que vas obteniendo vas creando categorías, por ejemplo, comúnmente lanzarás preguntas como ¿a qué te dedicas? Y la respuesta la colocas en su debido casillero, en este caso: "Trabajo como programador en Google". De esta forma posiblemente la categoría es "Empleado de Google".

Nuevamente en branding, se dice que para hacer de algo o de alguien una marca poderosa lo primero que debes hacer es crear una categoría atractiva.

"El marketing no tiene nada que ver con gritos, acoso o coerción"
Seth Godin

Hagamos este breve juego. Yo escribiré una categoría de marca y tú pensarás en la marca que ocupa esa categoría.

Empecemos.

Primera categoría: Bebida energizante. Marca____________.
Segunda categoría: Bebida hidratante. Marca____________.
Tercera categoría: Cerveza oscura mexicana_____________.
Cuarta categoría: Autos eléctricos de lujo____________.
Quinta categoría: ONG ambientalista internacional________.

¿Qué tal te fue?

Es muy probable que para la primera categoría hayas pensado en Red Bull, para la segunda en Gatorade, para la tercera en Negra Modelo, para la cuarta Tesla, y para la quinta Greenpeace. Lo que hacen las marcas es desarrollar una categoría atractiva e innovadora y tratar de ocuparla, liderarla. ¿Para qué? Para contar con el conocimiento y el reconocimiento de los públicos, para ser significativas y para que haya mayores posibilidades de ser elegidas y compradas.

"Cuando su marca no representa nada, tiene que compensarlo aumentando sus gastos en marketing (...) Cuando su marca no representa nada, su publicidad tampoco representa nada (...) Una marca que no representa nada, es una marca que no vale nada"
Al Ries y Laura Ries

Las personas primero pensamos en categorías y después en marcas, o dicho en palabra de Al y Laura Ries: "La gente piensa en el genérico primero y en la marca después" (2005, pág. 261) Esto significa que si tenemos hambre empezaremos a imaginar entre ensaladas, pescado, carne, pizzas, hamburguesas, etc. Si elegimos hamburguesas a la parrilla primero hemos pensado en la categoría o el genérico, cuando pensamos en Burguer King ya hemos pasado a la marca.

Este proceso nos deja ver que, ante una necesidad, primero pensamos en cómo satisfacerla (tacos, pizzas, ensaladas, hamburguesas) y después recurrimos a aquella marca que haya construido una identidad sólida y que haya comunicado de manera clara y atractiva su identidad creando finalmente una buena imagen en sus públicos.

Lo mismo sucede con las personas como marcas, esto es, como seres humanos con identidades diferenciadas que generan percepciones en los demás, de forma voluntaria e involuntaria.

¿Qué categoría quieres ocupar profesionalmente? No están mal las categorías como estas: ingeniero en sistemas, economista, biólogo, contador, abogado, comunicador, científico de datos, etc.

Es más útil que tengas un pequeño discurso en el cual más que decir "soy científico de datos", trates de mostrar de manera breve, clara y atractiva los beneficios que puedes otorgar.

Has escuchado sobre el discurso del elevador (elevator pitch). Esta técnica parte de imaginar que junto contigo se sube al elevador aquella persona "importantísima", la cual puede ayudarte a concretar tu idea o tu proyecto. Como ves solo tendrás esa oportunidad y en pocos minutos tendrás que presentarte y vender tu idea o proyecto para que sea comprada.

Ese poco tiempo debe ser suficiente para crear una buena impresión y dejar claro de qué manera puedes ayudar a partir de tu profesión, tu experiencia y tu proyecto.

Entonces vale la pena que desde ahora armes tu speech, tu breve discurso. Evita incluir en tu discurso que eres un economista con mención honorífica, y excelencia académica, y no es que no importe, pero recuerda que el tiempo es clave. En lugar de eso menciona que soluciones darías como economista. Existe información útil en la web sobre el discurso del elevador, te será de mucho beneficio invertir algunos minutos en revisarla, en conformar tu "speech", pulirlo y practicarlo.

***"Una marca es valiosa por una razón y sólo por una.
Porque domina una categoría"
Al y Laura Ries***

Ocúpate de ser tú, de desarrollar tu mejor versión. Y será muy probable que en el camino descubras a otras personas en su mejor versión con las cuales unas talentos, y creen alianzas poderosas, colaboraciones que ofrezcan soluciones más completas.

¿Crees que te perciben como una persona congruente entre lo que dices y lo que haces? ¿En este momento eres capaz de decir con fluidez y de forma clara y atractiva a qué te dedicas? ¿Podrías crear y encabezar una buena categoría?

Encárgate de verificar que tu identidad sea clara, congruente y atractiva. Haz que tu identidad transmita confianza, credibilidad y transparencia. Encuentra los beneficios que puedes ofrecer y a quiénes. Todo lo anterior con la esperanza de generar una imagen positiva en los demás, y no te desbordes si a algunos no les sienta tu persona, nunca contarás con el total de votos, eso es imposible.

3.7 H7: CREATIVIDAD

"La creatividad es una necesidad primaria del ser humano, y su negación produce un estado general de insatisfacción y aburrimiento"

David Bohm y David Peat

Recobro literalmente un ejemplo que utilicé en mi libro anterior.

"En una cuadra de una avenida muy amplia había dos grandes tiendas de telas y en medio de ellas una igual, pero muy chiquita. En un momento determinado, las dos tiendas grandes ponen carteles enormes que anuncian su liquidación de temporada.

El anciano dueño del pequeño local, preocupado, le dice a su hijo que van a tener que cerrar, pues no van a poder competir.

El muchacho rápidamente decide colgar un cartel entre los dos anuncios de liquidación que dice: ENTRADA" (2013, pág. 110)

Sigo escuchando en diferentes escenarios incluido el laboral la expresión: "Yo no soy creativo". ¿De verdad? ¿Existe alguien en la vida que no sea creativo?

"En la mayoría de los casos, el ansia de crear se va diluyendo a medida que el ser humano crece"
David Bohm y David Peat

Tendrás que empezar por preguntarte a ti mismo, ¿qué entiendo por creatividad?

Es común que la creatividad se asocie inmediatamente a contextos propios de las artes en general, de la ciencia y, por qué no, de la comunicación publicitaria. Tratar de entender qué es creatividad desde estos campos, dejaría casi sin esperanza de ser creativo a la mayoría de las personas.

Sin embargo, cualquier persona es apta para crear, para actuar de manera creativa. Muchas veces se es más creativo, cuando se tienen pocos recursos, y se presentan momentos difíciles.

Existe el mito de que para ser creativo, necesitas ser absolutamente original. Creer eso, de inicio inhibirá tus aspiraciones.

En sentido estricto nadie puede ser totalmente original, ya que en el andar por la vida nos vamos influenciando unos a otros. Siempre vas adoptando aquello que consideras atractivo y valioso de los demás y ellos tomarán algo de ti.

También de esa forma funciona el proceso creativo, pues en éste se toman regularmente elementos existentes de diferentes contextos, y se llevan a un nuevo contexto. Así, por ejemplo, se han tomado del contexto de la naturaleza, en particular las características impermeables de las hojas de algunas plantas, y se han llevado al contexto de los textiles para imitar en el tejido de las telas esa impermeabilidad.

O del contexto de la física, se han llevado ciertos conceptos al ámbito de la mercadotecnia. De esta forma el concepto de masa crítica, que nos dice que una cantidad mínima de algo desencadena grandes resultados.

Un ejemplo puede ser la forma en que se han llegado a posicionar ciertos productos. Una de las estrategias para posicionar el iPod fue dotar de audífonos con cables blancos (antes todos eran de color negro) a un grupo de personas que fueran atractivas para el segmento de mercado al cual se quería alcanzar y los pusieron a caminar por las calles. Las personas los veían y se preguntaban: ¿qué cuelgan de sus orejas? Y con el apoyo de carteles que mostraban siluetas de las personas con los audífonos blancos lograron no solo captar la atención, sino romper récord de ventas. Pocas personas desencadenaron grandes resultados.

De la misma manera Henry Ford (con el plan de que pagaran con "abonos chiquitos") dotó de autos a sus empleados para generar masa crítica, pues la gente tenía miedo de conducir una máquina, pero al ver que otras personas lo hacían se convencieron, y Ford consiguió su visión: "Democratizar el uso del automóvil" (y se pasó) ahora no caben tantos autos en las grandes ciudades.

"(En tiempos de crisis) La imaginación es más importante que el conocimiento"
Albert Einstein

Nuevamente la imaginación es factor clave en cualquier proceso creativo, que siempre debe tener como fin, solucionar de manera efectiva y eficiente.

Se dice que en una fábrica los obreros empezaron a tener infecciones al lavarse las manos, así es, se pensaría que tendría que haber infecciones al no lavarlas y no al contrario.

Tras analizar la situación, se descubrió que cuando los trabajadores se lavaban las manos dejaban sucias las barras de jabón, y cuando alguien más las usaba se contaminaba las manos. Este era un caso para resolver creativamente este problema de infecciones. El gran reto y la gran oportunidad trajo la invención del jabón líquido.

Y la lista de casos de éxito puede continuar.

Pensar creativamente no te lleva a una única respuesta, surgen múltiples respuestas, múltiples posibilidades. Sin embargo, muchas ocurrencias divertidas y llamativas no alcanzan a ser creativas, se quedan en digamos, "creativismo", pues no alcanzan a dar verdaderas soluciones.

"La imaginación es el comienzo de la creación. Se imagina aquello que se desea, se dispone lo que se imagina y, al final, se crea lo que se dispone"
George Bernard Shaw

Por supuesto, que muchas veces se presentarán soluciones que no esperábamos, es el caso de este fenómeno que se denomina "serendipia".

La serendipia es un hallazgo o descubrimiento accidental, pero de gran valor en otro contexto. En algunas ocasiones no llegar a la solución ideal, puede originar innovaciones no esperadas.

El doctor Spencer Silver buscaba un pegamento súper adherente y no lo logró, sólo creó un pegamento suave no permanente, ¿gran fracaso? No, esto dio origen al popular post-it que patentó y comercializó 3M. Sería inútil que un post-it tuviera un súper pegamento permanente.

Muchos otros descubrimientos han llegado por el fenómeno de la serendipia, como el horno de microondas, la penicilina, la ley de la gravedad, la máquina de vapor, la anestesia, los rayos X, los implantes dentales, etc., etc., etc. Desde luego si no desarrollas una mente curiosa, que comprenda, explique y aplique, dejarás de ver grandes oportunidades.

Está atento ante posibilidades en apariencia intrascendentes, pregúntate constantemente ¿y qué tal si? ¿y si hago tal cosa? Muchas veces dará resultados muy aceptables.

El escritor Peter Fisk propone en su libro Ingenio creativo, siete aspectos que favorecen la creatividad e innovación (considero que son aplicables en cualquier ámbito de tu vida). A continuación, parafraseo esos aspectos:

1 Implacable curiosidad. Un hambre insaciable de aprender, de buscar mejores respuestas y de enunciar ideas (...) y proponer nuevas posibilidades. Si llevas una vida llena de curiosidad para nada será aburrida.

"La mente no es un recipiente que llenar, sino un fuego que prender"
Plutarco

2 Ver más. Observa todo de manera diferente, desde diversos ángulos y enfoques. Cambia de lentes cada vez que sea necesario.

Resulta que se quería mejorar la experiencia del cliente en una cadena de hoteles, pero era fundamental que todos quienes participaban de servir, adquirieran nuevos puntos de vista, nuevas lentes (capítulo 2).

Al chef se le reservó una mesa en el hotel para que fuera a cenar con su familia. Ojo: su forma de ver era sólo desde la cocina, ahora viviría la experiencia. Lo mismo sucedió con las camareras, a las cuales de manera alterna se les invitó a hospedarse ahí todo un fin de semana.

Entre muchos de los resultados, el chef al ver desde otro ángulo identificó aciertos, pero también descubrió oportunidades, en cuanto a la presentación de los alimentos, la temperatura y los tiempos en que servían, la creación de nuevos platos, etc.

Las camareras vieron lo que comúnmente no veían, no era lo mismo ocuparse de la habitación de manera rutinaria, que habitar el cuarto. Tan sólo con ver desde la vista que otorga estar recostada sobre la cama veía lugares que solo los clientes veían. Eso les permitió desde atender la limpieza de lugares que antes no percibía, hasta idear cómo disponer los jabones y las toallas de los baños.

"Para forzar un aprendizaje rápido no hay nada como la ignorancia combinada con una imperiosa necesidad de éxito"
Ed Catmull

3 Pensar en grande. Ver desde diferentes disciplinas, es decir, adquirir una visión sistémica, y un enfoque estratégico ante las situaciones. Sí, ve el árbol, pero no pierdas de vista el bosque, la ciudad, y el planeta.

"El ganador es el chef que toma los mismos ingredientes que todos los demás y produce los mejores resultados"
Edward de Bono

4 Establecer conexiones. Actuar bajo una conciencia comunicativa, es decir, conectar lo desconectado para descubrir nuevas posibilidades.

"La creatividad simplemente consiste en conectar cosas"
Steve Jobs

No olvides que, todo aquello que tiene vida es por que tiene sentido entre sus partes, es decir, las partes que integran algo se mantienen en interacción, conectadas, articuladas, unidas, relacionadas (H1: Integrar/relacionar). Todas estas cualidades son producto de la correcta comunicación.

5 Aceptar las paradojas. Prosperar ante la ambigüedad y la incertidumbre. Aquello que en apariencia puede ser contradictorio en realidad es una gran bondad. Recuerdas la paradoja del bambú: flexibilidad y resistencia. Es tan flexible y resistente a la vez que no se quiebra.

6 Acción valerosa. No es fácil hacer lo que otros no se atreven a hacer, pero quien no arriesga no gana. Desarrolla el carácter, y para ello la templanza.

"No hagas obras maestras, sé obras maestras"
Carmelo Bene

Te imaginas el valor de Leonardo Da Vinci para en pleno siglo XVI atreverse a hablar de vehículos que surcaran el cielo y diseñar lo que mucho tiempo después se convirtieron en aeronaves. En aquel entonces eran cosas del demonio.

7 Mente ilustrada. Recuerda que ahora funcionará más el "lifelong learning", esto es, el aprendizaje permanente. Busca en cada momento ampliar tu cultura general.

Por ejemplo, aprende sobre cocina, idiomas, costumbres de diferentes regiones, tecnologías, sobre cómo se realizaron los grandes descubrimientos, sobre el comportamiento humano, sobre plantas y animales, etc. Lleva siempre una pequeña libreta o escribe ideas en tu celular, algún día te serán útiles.

Muy importante: Decide mantenerte en forma intelectual, pero también, física, emocionalmente y espiritual.

"La creatividad no es un talento. Es una forma de operar"
John Cleese

Sumaría a estos siete puntos los siguientes:

a. Diviértete

Siempre me había costado entender el sentido de la expresión: "No te tomes tan en serio la vida". No sabía si al llevarlo al pie de la letra me convertiría en un desobligado, en un irresponsable.

Poco a poco, fui descubriendo que ser irresponsable no necesariamente era divertido, más adelante podría traer problemas, pero sí, ser responsable me traía mucho estrés, pues en el fondo estaba en mí, el ideal (no realista) de hacerlo todo impecable y con profunda solemnidad, y esa solemnidad me causaba cierta rigidez que no me permitía crear, sino sólo repetir automáticamente posibles soluciones.

¿Habrá forma de seguir siendo responsable y al mismo tiempo divertirse?

Claro, ser responsable y divertirse es un reflejo de madurez, y nos deja mejor situados para resolver creativamente.

Aunque ya muy mencionado, pero ilustrativo, es ver la capacidad de aprendizaje y creatividad con la que cuentan los niños, y todo por que se divierten al buscar y al hacer, tienen menos miedos y prejuicios que los adultos.

Puedes ser sumamente responsable sin ser sombrío, puedes ser inteligente sin ser amargado, al contrario, el buen humor te predispone favorablemente para enfrentar cualquier situación.

Si no sonríes tan seguido, tendrás que ir practicándolo, y no importa si lo haces sólo contigo, fuera de que sea un acto de locura es una acción muy sana.

Sé lúdico, divertirte un poco más. Recuerda que cuando te relajas, las condiciones intelectuales, físicas, químicas, emocionales de todo tu ser, son más creativas. Aflójate un poco.

"La vida no es tan seria como la mente pretende hacérmelo creer"
Eckart Tolle

b. Fluye (teoría de flujo)

El psicólogo Mihaly Csikszentmihalyi desarrolla la teoría de flujo que engloba la idea de que dar significado y valor a tu vida te hace feliz, y esto a partir de concentrarte profundamente en lo que hagas. Se trata de la experiencia de fluir, de entrar en una profunda concentración.

Te ha pasado, por ejemplo, que estás tan concentrado desarrollando una actividad que pasa el tiempo sin que lo percibas, en donde varias horas parecen haber sido un instante, y en donde esa actividad te hace sentir cómodo, pleno, entusiasmado, además de que los resultados son buenos. Esa es la experiencia de flujo.

Csikszentmihalyi hablá de 7 características del "flow" o experiencia de flujo, a continuación, las explico brevemente:

1 Estar concentrado, mantener el foco, mantenerse completamente inmerso en la actividad que se desarrolla. Por qué no, también se produce la experiencia de flujo cuando ves con profunda atención una puesta de sol, sientes mucha paz y descanso.

2 Acceder al éxtasis, ir más allá de las sensaciones de la vida cotidiana. Auténticamente gozar con lo que realices.

3 Gran claridad interior, hacerte consciente de que necesitas el estado de flujo, de qué te hace sentir bien.

4 Saber exactamente que te es posible hacerlo, tener la motivación de saber que eres capaz de llegar a experiencias de flujo.

5 Sensación de serenidad, sustituye la preocupación, encuentra el sentido de trascendencia, de que lo que estás realizando es algo importante.

6 Sensación de que el tiempo no pasa, disfruta del tiempo psicológico (subjetivo), no te preocupes por el tiempo cronológico (el que marca tu reloj). Déjate llevar.

7 Siéntete auto motivado, hazlo por que en sí mismo es sano entrar en estados de flujo.

Experimentar la experiencia de flujo cada vez más hará que lo que realices sea verdaderamente un acto creativo.

"La creatividad te permite aprovechar las posibilidades que la realidad te ofrece para crear un campo de juego que te abra nuevas oportunidades"
Mario Alonso Puig

c. Haz un guiño a lo desconocido y está atento a lo inesperado (¿Qué puedes descubrir?)

Modifica la forma en que haces las cosas. Toma nuevas rutas, en lugar de conducir camina o ve en bicicleta. Por las mañanas sal antes de casa y observa lo que pasa a tu alrededor.

Atrévete a conocer a nuevas personas, no sólo en tu oficina, sino en todo el mundo.

Come algo que nunca has probado.

"Lo desconocido es el lugar perfecto desde el cual crear, donde existen las posibilidades (...) Como a la mayoría de nosotros nos han condicionado a huir de lo desconocido, ahora tienes que aprender a sentirte cómodo ante el vacío o lo desconocido en lugar de temerlo"
Joe Dispenza

Lee sobre disciplinas completamente distintas a la tuya, ya vimos que al mercadólogo le caerá bien saber sobre física, y al físico le vendría bien conocer de marketing.

Mantente atento, las notas en tu libreta o celular, las notas curiosas que leíste en la revista de ciencia, la pintura que aprendiste a observar, la palabra graciosa que escuchaste con tu amiga peruana, la letra de aquella canción italiana, en algún momento pueden ser "eurekas", para encontrar soluciones o motivo de inspiración.

Ten presente que la creatividad consiste en descubrir la relación entre cosas que aparentemente no están relacionadas.

d. Ten una o un amante, es decir, una pasión

La clave para la creatividad es la pasión. Además de las actividades que de por sí debes llevar a cabo, tienes que disponer de un tiempo considerable para dedicarte a lo que más amas hacer en tu vida.

En Google se aplica algo que denominan 80/20 para mantener la pasión y la innovación entre sus colaboradores. ¿Cómo es que funciona esto?

Una vez que han sido contratados (principalmente personal para desarrollar innovaciones) se les asigna un 80% de su tiempo laboral para que cumpla con las actividades y objetivos para los cuales fueron contratados, pero se les da libertad para que el 20% del tiempo restante se dediquen a desarrollar el proyecto de su vida, aquello que realmente añora desarrollar, lo que más les apasiona.

El resultado es que se presentan proyectos realmente creativos que Google financia para que se hagan realidad.

Tú puedes organizar tus tiempos de manera similar. Dentro de todas tus actividades, siempre aparta tiempo para dedicarte a lo que más te apasiona, tarde o temprano podrás vivir de esa pasión. Por eso no olvides tener un o una amante del cual puedas obtener la pasión necesaria para continuar.

¿Por qué la creatividad es una habilidad fundamental en esta nueva realidad?

Sin duda alguna tú puedes contestar esta pregunta.

Es fundamental que desarrolles tu creatividad, ya que en cualquier momento te dejará bien colocado dentro de esta nueva realidad, que se caracteriza por ampliar tus posibilidades.

Recuerda que tú puedes crear en gran porcentaje tu futuro (H2: Diseñar estratégicamente), imagina posibilidades, situaciones que te ilusionen, y desde hoy trabaja para alcanzarlas.

Y muy importante, evita pensamientos pesimistas y angustiantes. Mejor sé creativo, piensa y trabaja desde lo que te ilusione. No te contamines con formas de pensar habituales que sean negativas, refresca tu mente a través de nuevas formas de conectar aquello que en apariencia no tendría relación.

Es crucial que desarrolles la habilidad de romper viejos modelos de pensamiento (capítulo 2 Constructivismo), verás que una vez que lo hagas surgirán de manera espontánea, ingeniosas nuevas opciones e ideas frescas.

Tienes todo el escenario para poder desempeñarte, para vivir tu propia vida, sólo hace falta agregar pasión, coraje y energía (bien administrada) (capítulo 2 Termodinámica).

¿Qué es lo que realmente te mueve en la vida?

¿Comúnmente juegas imaginando que sacas elementos de un contexto y los reubicas en otro buscando resultados distintos?

Con qué frecuencia te preguntas: ¿qué pasaría si?

¿Qué actividades te han permitido entrar en experiencia de flujo? Recuerda la experiencia, ¿cuál fue el proceso, qué y cómo te sentiste?

¿Tienes ejemplos personales que te permitan comprobar que muchas veces "la imaginación es más importante que el conocimiento"?

3.8 H8: STORYTELLING

"El universo está hecho de historias, no de átomos"
Muriel Rukeyser

Las historias son capaces de cambiar tu propia historia y la de los demás. Tienen el poder de influir sobre la realidad. Recuerda que cada realidad se construye, es una narrativa, un acontecer de hechos en el tiempo y en el espacio.

Todo proceso de creación, incluyendo las propias historias, inician en nuestra poderosa mente.

Así como erróneamente se cree que la creatividad es sólo para artistas y científicos, se considera que las historias son labor para dramaturgos, escritores de novelas y guionistas de series de tv.

Sin embargo, tanto en tu vida personal como en la profesional, desarrollar la habilidad del storytelling te permite conectar y continuar relaciones de todo tipo: sentimentales, de amistad, laborales, comerciales, etc. No en vano se dice, un tanto en broma y un tanto en serio, que la mejor pareja que puedes elegir es aquella que sea una buena o un buen conversador, pues a través de los años y con la edad es lo único que se mantiene o hasta se mejora.

La habilidad de crear y transmitir historias es una poderosa herramienta para captar la atención, para predisponer positivamente a los demás, para inspirarlos, para aleccionar, para ilustrar, para encontrar evocaciones en común, para mover, para llevar a la acción a los seres humanos hacia la consecución de grandes cometidos.

Y muy importante, las grandes narrativas crean emociones en las personas. Las historias fluyen por tu sangre, y alteran la química en tu cuerpo.

¿Cómo es eso? Sí, asombrosamente una buena narrativa puede modificar nuestra química en la sangre.

Particularmente son tres sustancias las cuales se incrementan al leer, escuchar o ver una buena historia.

Estas sustancias son:

Dopamina, oxitocina y endorfina.

Cuando una narrativa inicia provocando expectativas en el espectador, ello le produce una subida de **dopamina** en la sangre y le provoca mayor concentración, mayor motivación, entusiasmo y facilidad de recordación.

De aquí la importancia de construir introducciones o inicios poderosos, que atrapen a las personas y que generen en ellas la necesidad de seguir conociendo más de lo que tengas que contarles.

José Saramago Premio Nobel de Literatura 1998, inicia de esta manera su novela "Las intermitencias de la muerte":

> "Al día siguiente nadie murió. El hecho por absolutamente contrario a las normas de la vida, causó en los espíritus una perturbación enorme, efecto a todas luces justificado, basta recordar que no existe noticia en los cuarenta volúmenes de la historia universal, ni siquiera un caso para muestra, de que alguna vez haya ocurrido un fenómeno semejante, que pasara un día completo (...) sin que se produjera un fallecimiento por enfermedad, una caída mortal, un suicidio conducido hasta el final, nada de nada, como la palabra nada."

Genial, ¿te puedes imaginar que de repente ya no existiera la muerte? Qué mejor forma de atrapar nuestra atención, y qué buena provocación para desear saber qué es lo que pasaría si eso sucediera.

Saramago fue el maestro de la expectativa, la propia concepción de sus obras produce dopamina. En "Ensayo sobre la ceguera" nos despierta el interés por saber cómo sería el mundo si todos nos fuéramos quedando ciegos. Por supuesto es ficción, sin embargo, con hechos reales y en escenarios, digamos empresariales, el uso de historias es de mucho beneficio como veremos más adelante.

Por otra parte, una historia que muestra a humanos como tú y como yo viviendo sus circunstancias de gloria o de pesadumbre, eleva los niveles de **oxitocina**, haciendo sentir generosidad y empatía entre las personas, las sensibiliza y las humaniza.

Podrás recordar documentales, películas, libros, discursos, entrevistas en los cuales se hayan presentado situaciones vivenciales de personas. Un buen orador, un cuentista, un director de empresas, y en general todo líder, debe presentarse y comunicarse de forma transparente y honesta para generar un primer nivel de empatía.

"Nunca olvide que un genuino interés en la otra persona es la cualidad más importante que puede tener"
Dale Carnegie

Un testimonio sincero sobre una experiencia personal, puede ser un buen inicio para desatar la oxitocina en tu público.

Dale Carnegie nos dice que: "Una simple experiencia que nos haya enseñado una lección que nunca olvidaremos es el primer requisito de un discurso que estimule a la acción (...) si es algo que le sucedió a usted, razonan sus oyentes, bien puede sucederles a ellos, y es conveniente que aprovechen su consejo haciendo lo que usted les sugiere" (2001, pág. 105)

El mismo Carnegie, propone ejemplos de algunas frases que pueden servir en tus intervenciones: "Ayer, durante el desayuno, mi esposa estaba sirviendo el café cuando..." "Se abrió la puerta de mi despacho y entró violentamente..." "Estaba pescando en medio del lago; levanté la vista y vi que un bote a motor se dirigía velozmente hacia mí."

Toda experiencia humana es aleccionadora y tiene la capacidad de generar empatía, de llevar a los demás a ponerse en los zapatos de los protagonistas de la historia: Un arresto injusto a un joven inocente, la tenacidad que lleva a una mujer de bajos recursos a triunfar profesionalmente, la dedicación de una anciana que la lleva a transmitir videos en línea y la convierte en influencer, la fortaleza de un niño que logra superar una enfermedad grave, etc.

La forma más efectiva de expresar es llegando a la razón, pero también a la emoción. Sin emoción no hay transformación, y las buenas historias como lo hemos visto, emocionan.

"Si piensas contar una historia, asegúrate de saber por qué la cuentas, y haz lo posible por descartar los detalles que no sean necesarios para demostrar lo que pretendes demostrar y por incluir la cantidad suficiente de elementos para que la gente imagine de manera vívida qué ocurrió"

Chris Anderson

Las historias nos cautivan porque a los seres humanos nos importan las vidas de otras personas.

En el libro "Charlas TED" su autor Chris Anderson diferencia entre una buena historia y una mala. Aquí escribo literalmente los ejemplos.

"He aquí una buena historia:

> Una vez, cuando tenía once años, mi padre me llevó a pescar. Estábamos los dos en una barquilla muy pequeña, a cinco millas de la costa, cuando se desencadenó una gran tormenta. Papá me puso un chaleco salvavidas y me susurró al oído: "¿Confías en mí, hijo?". Yo asentí. Él me lanzó por la borda. [Pausa.] Lo digo en serio Me tiró al mar, así, sin más. Caí al agua y me quedé flotando en la superficie, haciendo esfuerzos por respirar. El agua estaba helada. las olas me aterraban. Eran monstruosas. Entonces... papá se lanzó al agua y vino por mí. Observamos con horror que la barquita se volcaba y se hundía. Pero él me sostenía todo el rato, me decía que todo saldría bien. Quince minutos después llegó el helicóptero de los guardacostas. Lo que ocurrió fue que mi padre sabía que la barca estaba dañada y que iba a hundirse, y había comunicado nuestra localización exacta. Supuso que era mejor lanzarme a mar abierto que arriesgarse a que me quedara atrapado en la barca cuando ésta se volcara. Así fue como aprendí el verdadero significado de la palabra "confianza".

"Y, a continuación, cómo no hay que contarla:

> Aprendí qué significaba confiar en mi padre cuando tenía once años y nos vimos en medio de una tormenta mientras pescábamos truchas. Antes de que se formara la tormenta, no habíamos logrado pescar ni una. Papá sabía que la barca iba a hundirse, porque era una de aquellas inflables, de la marca Saturn, que normalmente son bastantes resistentes, pero que ya se había pinchado en una ocasión y papá temía que pudiera volver a ocurrir. En todo caso, aquella tormenta era demasiado fuerte para una barca inflable, y ya empezaba a hacer aguas. Así que llamó al servicios de rescate de los guardacostas, que en aquella época estaba disponible las veinticuatro horas del día, siete días a la semana, no como ahora. Les comunicó nuestra posición y entonces, para evitarnos el riesgo de quedar atrapados debajo si la barca volcaba, me puso un chaleco salvavidas y me lanzó por la borda antes de tirarse él al agua. Entonces los dos esperamos a que llegaran los guardacostas y, sí, quince minutos después apareció el helicóptero (creo que era un Sikorky MH-60 Jayhawk) y no tuvimos ningún problema".

Anderson explica que: "La primera historia cuenta con un personaje por el que nos preocupamos y transmite un intenso dramatismo que crece hasta el punto de generar incredulidad antes de resolverse de una manera preciosa. La segunda versión es un lío. El dramatismo desaparece al revelarse demasiado pronto las intenciones del padre. Ni se intenta siquiera compartir la experiencia real del niño. Se incluyen numerosos detalles que resultan irrelevantes para la mayor parte del público, mientras que otros sí importan, como el de las olas gigantes, se ignoran por completo. Lo peor de todo es que la frase clave, que cierra el círculo de la historia ("¿Confías en mí, hijo?"), se pierde". (Págs. 100 y 101).

En el libro "Creadores de hits", Thompson, menciona que: "Campbell se remontó miles de años atrás para demostrar que, desde antes de que los seres humanos escribiéramos, nos hemos estado contando la misma historia heroica una y otra vez, cambiando principalmente los nombres y locaciones. En ese mito universal, un hombre aparentemente ordinario emprende un viaje, cruzando desde el mundo conocido a lo desconocido. Con ayuda, sobrevive a varias pruebas cruciales, sólo para enfrentar un último desafío. Con esta última victoria, regresa al mundo conocido como el héroe, el profeta, el hijo" (Thompson, D. 2008, pág. 115). El ser humano, como cualquiera de nosotros. Oxitocina pura.

Por último, la **endorfina** se genera cuando existe un entorno de "buena vibra", de buen humor, cuando logras que a partir de tu discurso las personas sonrían, lo cual les provoca relajación, confianza y una mayor apertura hacia lo que tienes que decirles.

Imagina que tu plática tiene como objetivo demostrar que en un porcentaje altísimo, cada persona crea su propia realidad sin darse cuenta de ello, y sí, uno puede ser un especialista en amargarse su propia vida. ¿Cuál creerías que sería el efecto en tu público si inicias con esta parábola?:

La historia del martillo.

"Un hombre quiere colgar un cuadro. El clavo ya lo tiene, pero le falta un martillo. El vecino tiene uno. Así pues, nuestro hombre decide pedir al vecino que le preste el martillo. Pero le asalta una duda: ¿Qué? ¿Y si no quiere prestármelo? Ahora recuerdo que ayer me saludó algo distraído. Quizás tenía prisa. Pero quizás la prisa no era más que un pretexto, y el hombre abriga algo contra mí. ¿Qué puede ser? Yo no le he hecho nada; algo se le habrá metido en la cabeza. Si alguien me pidiese prestada una herramienta, *yo* se la daría enseguida. ¿Por qué no ha de hacerlo él también? ¿Cómo puede uno negarse a hacer un favor tan sencillo a otro? Tipos como éste le amargan a uno la vida. Y luego todavía dependo de él. Sólo porque tiene un martillo. Esto ya es el colmo. Así nuestro hombre sale precipitado a casa del vecino, toca el timbre, se abre la puerta y, antes de que el vecino tenga tiempo de decir "buenos días", nuestro hombre le grita furioso: "¡Quédese con su martillo, so penco!". (en Paul Watzlawick, El arte de amargarse la vida. 2001. págs. 43 y 44)

Calculo que esta sería una muy buena manera, además de divertida, de demostrar cómo nosotros mismos creamos realidades disfuncionales, y además estaremos en mejores condiciones de predisponer de forma positiva a nuestros públicos. En el ámbito laboral, lo anterior sería una forma interesante de iniciar una charla para unir a los integrantes de diferentes áreas que viven con una baja autoconciencia, en permanente discordia y con grandes prejuicios.

Por otro lado, tal y como lo hemos mencionado (H3: Autoconciencia), existen sustancias como el cortisol y la adrenalina que en niveles altos y permanentes son dañinas para nuestra salud física y emocional. Vivir estresado provoca presión arterial alta, tensión muscular, irritabilidad, problemas de concentración, mala memoria, estados de ánimo negativos, malas decisiones, etc.

Desafortunadamente, esto puede ser una constante en nuestras vidas personales y profesionales, como relaciones tóxicas, ambientes de trabajo ríspidos y poco empáticos, falta de compañerismo, etc.

Como también ya hemos visto (H4: Gestionar el cambio), es imprescindible, dentro de nuestras habilidades, desarrollar visiones y estrategias que marquen un rumbo claro y atractivo que permita ver a las personas los beneficios de emprender un cambio.

Siempre será más inspirador para los involucrados, construir y mostrarles el paraíso que se desea alcanzar, y lo mejor que lo pasaremos al llegar ahí, una vez conseguido el cambio. Para esto el storytelling es una excelente herramienta.

Grandes hazañas se han logrado a partir de una historia clara, atractiva e inspiradora que desate la suma de voluntades para un rumbo común. El storytelling, es el pegamento más antiguo que ha unido a los seres humanos y los ha llevado a colaborar.

Por ejemplo, los estadounidenses han logrado grandes avances individuales y como nación, porque han sabido contarle al mundo y a sí mismos, grandes historias que marcaron su visión como país tras la colonización.

Ellos a partir de sus historias creyeron e hicieron creer "a todo mundo" su condición de potencia mundial. Al respecto Yuval Noah Harari establece que: "El secreto del éxito son los mitos. Un gran número de extraños pueden cooperar con éxito si creen en mitos comunes. Los Sapiens dominan el mundo porque son los únicos capaces de crear historias ficticias y creer en ellas. Si todos creemos en las mismas ficciones todos seguimos las mismas reglas" (2020, pág. 82)

Harari continúa diciendo que toda cooperación humana a gran escala "se basa en mitos comunes que solo existen en la imaginación colectiva ya sea una tribu arcaica, una ciudad antigua, una iglesia medieval o un estado moderno" (2020, pág. 84), y ejemplifica a partir del caso de dos católicos que no se conozcan, pues ellos "pueden no obstante, unirse en una cruzada o aportar fondos para un hospital, porque ambos creen que Dios hizo carne humana y accedió a ser crucificado para redimir nuestros pecados" (2020, pág. 85)

"Un buen storytelling debe, literalmente, tocar el corazón del público"
Guillaume Lamarre

Al día de hoy "los gringos siguen salvando a todos los seres del planeta de las guerras, de las catástrofes naturales, de las invasiones extraterrestres", no hay película estadounidense, por ejemplo, que no destaque los valores de esa nación, nos puedan gustar o no.

Las narrativas ayudan a compartir una causa, pero como ya lo señalamos, también despiertan la atención, el interés y pueden motivar al cambio. Una buena historia permite ver lo que es difícil ver a simple vista, ayuda a cambiar puntos de vista.

"Las historias se recuerdan, los datos no"
Carlos Salas

Pero, ¿y el storytelling en el campo profesional? ¿cuál es su utilidad? Difícilmente recordarás las cifras financieras del informe del CEO de la empresa en la cual trabajas, pero muy probablemente recuerdes el discurso (no importa si es un reporte financiero, un logro empresarial, un discurso de fin de año, etc.) que logró subir tus niveles de dopamina, de oxitocina y de endorfina.

Como lo hemos visto (H6: Gestionar las percepciones. Identidad e imagen), de manera natural y por salud, los seres humanos filtramos las grandes cantidades de mensajes que recibimos a cada segundo por diferentes medios. Vivimos saturados con tantos distractores.

Lo anterior dificulta que te escuchen, que te presten atención, que te sigan, que te entiendan y se convenzan de lo que les dices, y de que actúen en consecuencia. Aquí otro motivo que te invita a desarrollar esta habilidad de transmitir a través de buenas historias.

Por ejemplo. ¿Cuál de estas breves introducciones de discurso empresarial crees que pueda cumplir con el difícil cometido de generar expectativas, recordación y emoción?:

Discurso 1 "Los altos y pujantes niveles de incertidumbre nos llevan por una gran encrucijada sin tener claro cuál será nuestro destino financiero. Sumemos a lo antes dicho, el incipiente crecimiento económico a escala mundial. Sin embargo, en este negocio vislumbramos prosperar aún con este contexto a cuestas"

Discurso 2 "Observemos los caminos que tenemos frente a nosotros, unos parecen nublados, pero otros son claros. La economía mundial, aunque a pasos lentos, se dirige por un camino luminoso y esperanzador. Este camino es el que, en esta empresa, estamos tomando. Ahora descubramos juntos cómo podemos aprovechar las oportunidades que se nos presentan"

"Aquellos que han cambiado al universo, nunca lo han hecho cambiando las reglas, sino inspirando a la gente"
Napoleón Bonaparte

¿Encuentras diferencias entre los posibles resultados que pudiera tener un discurso u otro? ¿Uno u otro podrían generar predisposiciones distintas en los públicos para que sigan escuchando?

Sí, así es, la habilidad para desarrollar narrativas, para saber contar historias marca una gran diferencia.

Jhon F. Kennedy estableció una visión que él no logró ver culminada, pero que sí consolidó a los Estados Unidos como líder en innovación y tecnología. Esa visión fue: "Que el hombre viaje a la luna y regrese sano y salvo". Esta declaración puso en marcha a toda una nación, los inspiró y los llevó a la acción.

Otro caso es Gandhi, quien tuvo gran habilidad para el storytelling y claro que esto le ayudó en su cometido de independizar a la India del dominio Británico.

Muchas de sus frases célebres siguen vigentes: "No hay caminos para la paz, la paz es el camino" "No hay que apagar la luz del otro para lograr que brille la nuestra" "Vive como si fueras a morir mañana, aprende como si fueras a vivir por siempre" "El amor es la fuerza más humilde, pero la más poderosa de que dispone el mundo" "Cuida tus pensamientos porque se volverán actos. Cuida tus actos porque se volverán costumbre. Cuida tus costumbres porque formarán tu carácter. Cuida tu carácter porque formará tu destino. Y tu destino será tu vida".

Por otra parte, en la nueva realidad, un objetivo fundamental tanto personal como profesional es salir del anonimato. Es decir, tienes que lograr hacerte visible ante aquellos que necesitan de tus conocimientos, habilidades, y experiencia. Y una habilidad fundamental nuevamente es el storytelling. ¡Vaya habilidad tan importante para triunfar, pero muchas veces subestimada en el ámbito profesional!

Así, uno de los cometidos en lo personal y lo profesional es darte a conocer (crear notoriedad) para que reconozcan tus cualidades, tus ideas, tus propuestas (crear notabilidad) personales, profesionales, grupales empresariales, etc. Recuerda: "Santo que no es visto (de manera atractiva) no es adorado".

Puedes ser el mejor en tu giro, pero si sólo tú lo sabes, no necesariamente serás el mejor, no se puede prosperar separado de los demás, en el anonimato (H1: Integrar/relacionar).

Bobette Buster cree que: "El mero hecho de contar nuestra historia es ya de por sí un acto de poder. Oír y contar nos inspira. Oyendo y contando vislumbramos una vida mejor. El resultado es que nos convertimos en personas más valientes (...) De la misma manera, las narraciones tienen un poder destructivo cuando se hacen eco de habladurías, insinuaciones o difaman a una persona" (en el libro digital Storytelling, pág. 2-3)

Si sabes contar tu historia no sólo ganarás atención, sino que te ganarás la predisposición positiva de las personas, serás bienvenido.

Desde luego contar historias no es fácil. La dificultad no estriba en contarlas, "sino en convencer a todos para que se lo crean. Gran parte de la historia gira alrededor de esta cuestión: ¿cómo convence uno a un millones de personas para que crean ciertos relatos sobre dioses, o naciones, o compañías? Pero cuando sucede confiere un poder inmenso a los sapiens, porque permite a millones de extraños cooperar y trabajar hacia objetivos comunes" (Harari, Y. N., 2020, pág. 85)

Indiscutiblemente tienes que prepararte y practicar para convertirte en un interesante narrador o "storyteller". Tienes que hacerte el hábito de pensar lo que vas a decir, cómo lo vas a decir y a quién se lo comunicarás.

Probablemente ya habrás visto casos como este en redes sociales: "Vendo cunas para bebés de madera". Jajaja, ¿para Pinochos recién nacidos?

En el arte del copywriting, esto es, en el arte de la redacción de textos persuasivos, hay reglas básicas, entre ellas está evitar caer en anfibologías (esta palabra sexy se refiere a una frase mal concebida que genera dudas e interpretaciones erróneas). ¿Vendes cunas para bebes de madera, no de carne y hueso? o en realidad lo que vendes son cunas de madera para bebés.

Por supuesto, tu historia debe responder a una bien concebida estrategia de comunicación, una historia no funciona si es un acto aislado, ya lo he dicho en el libro "Más competitivas que pequeñas. Imagen corporativa a la medida de su empresa", la *cereza no hace al pastel*, una historia por sí misma no consolida una visión y provoca cambios, debe ir acompañada de otras acciones.

Elaborar una estrategia de comunicación se parece a escribir el guión de una serie de televisión. Debe corresponder siempre con una visión a largo y a corto plazo, y al mismo tiempo tiene que poner en juego una multitud de operaciones que estén al servicio de esa gran visión que nos llevará a un mejor lugar.

En el arte de narrar debes tener claro saber qué decir, y cuándo, y qué no decir y cuándo no decirlo. No importa tu profesión, ni tu cargo.

En ese sentido se trata de diseñar una estrategia de comunicación que establezca la situación actual que deseamos que cambie, establecer metas y objetivos, e implantar estrategias y tácticas, y justo aquí el storytelling cumple su función. Si no tenemos claro qué queremos lograr, a dónde queremos llegar los cómos pueden ser impotentes, improductivos.

También, el storytelling, los relatos, deben ir acompañados de "storydoing", es decir, del diseño de experiencias, de hacer vívidas las buenas historias, de involucrar a los públicos.

Ya no basta contar buenas historias, se convierte en necesario que los espectadores participen de la trama. Hay ejercicios realizados en series vía streaming, en donde tú puedes elegir qué decisión quieres que tome un personaje, y eso hace que la historia cambie su rumbo. No olvides que estamos en la época en donde todos podemos ser "prosumidores", ya no sólo consumidores, sino productores y consumidores de productos, entre ellos los contenidos.

Como ya lo sabes, Internet permite que crees contenidos y los compartas. Otra razón de peso para que perfecciones tu habilidad de storyteller.

"La gente no lee en la internet, sino que escanea. Ve títulos, imágenes y viñetas"
Chuck Bankoff

Pues bien, espero que ya no te quede duda de que si desarrollas la habilidad de contar historias con pasión y consistencia, y si te enfocas en el arte de seducir y fascinar a tus públicos de forma honesta, te ayudará a conseguir la colaboración de los demás para lograr grandes cambios.

Ahora, a manera de redondeo de este apartado H8: Storytelling algunos puntos importantes:

Ten presente que cualquier acto comunicativo que realices es como una escena teatral o de una película, pues se desarrolla en un escenario (en tu oficina o en la de tu colaborador, en un auditorio para 1000 personas, o en línea) frente a un público con ciertas características. Además, podrás tener un guión, o tendrás en ocasiones que incluir cierta improvisación, como lo hacen los actores.

Ojo, ser actor no significa fingir siendo quien no eres, ni mucho menos engañar a tus públicos. Ser actor quiere decir desarrollar tus capacidades de transmisión tanto discursivas como de emociones, dicho con otras palabras, debes subir los niveles de dopamina, oxitocina y endorfina en la sangre de tus espectadores, y ya conoces los beneficios de lograrlo.

Pero ante todo, siempre pregúntate: ¿Qué tengo que ofrecer, que compartirles a los demás? ¿A quiénes (edades, profesiones, estilos de vida, qué tanto saben del tema que tratarás)? ¿Con qué objetivo? ¿Cuánto tiempo tengo para mi "puesta en escena"? ¿En qué lugar daré la charla? ¿Qué características tiene ese lugar? ¿Con qué recursos (tecnológicos, humanos, materiales) cuento?

Para la construcción de tu historia toma en cuenta la ancestral estrategia de seducción narrativa por excelencia: Introducción, desarrollo, clímax y desenlace.

Introducción. Dependiendo de la situación puedes decidir iniciar de diferentes maneras: exponiendo el problema o conflicto a resolver ("No queremos irnos a la quiebra, por tal motivo..."); con una anécdota aleccionadora ("Alguna vez un ser muy querido me dio este consejo el cual me ha servido mucho en la vida...”); con un chiste (pero cuidado, sólo si se te da contarlos bien, y que obviamente no sea ofensivo); con una pregunta que haga reflexionar a tu auditorio (“¿Qué harías si en este momento depositaran en tu cuenta un millón de euros?”); con una noticia impactante (“Hoy por la mañana leí con sorpresa que...”), etc.

Desarrollo. El propósito aquí es profundizar en lo que tienen que compartirle a tus públicos, cuidando de conservar su atención. Siempre caen bien imágenes, ejemplos, experiencias.

Clímax. Esta es la parte más intensa de tu charla, es el momento para llevar al máximo la expectativa y emoción de tus públicos.

Desenlace. Este momento es el ideal para que en pocas palabras recuperes lo que les dijiste. Resalta lo más importante (así como se haría con un marcador fluorescente sobre un escrito). Qué deben volver a sentir y recordar los asistentes. Puede ser útil recurrir a moralejas que te ayuden a resumir lo visto.

“El ser humano es una construcción narrativa. Está constituido enteramente de relatos y vive permanentemente en ellos”

Guillaume Lamarre

Para finalizar este apartado, te dejo este decálogo cortesía de Bobette Buster.

Los 10 principios del storytelling:

1 Cuenta tu historia como si se la contaras a un amigo. Este principio es válido en cualquier contexto y ante cualquier público.

2 Enciende el GPS: proporciona al público el lugar, el tiempo, el decorado y cualquier contexto que te parezca relevante.

3 ¡Acción!: Utiliza verbos activos.

4 Yuxtaposición: escoge dos ideas, imágenes o pensamientos y únelos. Déjalos chocar (tesis+antítesis=síntesis).

5 El detalle resplandeciente. Convierte lo ordinario en extraordinario.

6 Pasa la llama: atrapa la experiencia o idea que te sedujo originalmente y simplemente pásasela al público como una antorcha encendida.

7 Sé vulnerable: atrévete a compartir las emociones de tu relato. Permite experimentar la misma duda, confusión, ira, tristeza, intuición, júbilo, deleite, gozo e iluminación que experimentaste tú.

8 Conéctate con tu memoria sensorial: reconoce cuál de los cinco sentidos es el predominante en tu narración y utilízalo para establecer una conexión más profunda con el público.

Los recuerdos están siempre gobernados por uno de los cinco sentidos.

9 Utilízate a ti mismo: eres un ingrediente más de tu relato.

10 Aprende a desprenderte. Procura que el público siempre se quede con ganas de más. Menos es más" (tomado del libro digital: Storytelling).

Ahora, no te queda más que tomar el coraje de levantar la mano cada vez que se requiera de alguien para dar un discurso. Aprovecha cada oportunidad para perfeccionar tu habilidad de narrador.

¿Cómo consideras que son tus habilidades para contar historias?

¿Consideras que logras inspirar y despertar entusiasmo en los demás cuando te comunicas con ellos?

¿Comúnmente cumples tus objetivos los cuáles involucran la participación decidida y activa de los demás?

"En la era de la Creación de Contenido: gana quien tenga la mejor historia. Por eso es fundamental aprender a contar la nuestra"

Bobette Buster

Esta puede ser tu gran oportunidad para iniciar o mejorar tu habilidad de buen storyteller, ya verás los beneficios que produce.

¿Sigues descubriendo cómo las habilidades se van integrando? Las habilidades armonizadas entre sí, harán que emerjan nuevas cualidades en ti que creías inexistentes.

3.9 H9: Habilidad digital

"Hoy internet ha eliminado la geografía"
Seth Godin

Bien sabes que Internet desempeña un rol esencial en la comunicación. La denominada red de redes es de bajo costo y no requiere de intermediarios. Qué mejor herramienta de comunicación y tan poderosa.

Y además suma todas las TICs (tecnologías de la información y de la comunicación), la telefonía celular, el internet de las cosas, la realidad virtual y aumentada, inteligencia artificial. Ya están presentes, son una realidad.

"Muy probablemente cualquier dispositivo tecnológico o desarrollo en el que usted piense ya forma parte de la Internet de las cosas"
Dan Monaghan

David Villaseca en su libro "Desarrolla tu talento digital" plantea que se puede aprovechar cualquier oportunidad digital. Hoy se trata de que "seamos capaces de sacar partido al acceso instantáneo que todos tenemos a la información y el conocimiento colectivo; que nos podamos conectar con el resto de las personas para colaborar activamente; que podamos aportar contenidos de interés a ese conocimiento colectivo; o que gracias a todo esto, seamos capaces de resolver problemas complejos que ayuden a progresar a nuestros proyectos" (2018, pág. 27)

Ahora sí, bienvenidas las herramientas para conectar, para articular, para tejer redes a partir de haber desarrollado una conciencia comunicativa para interactuar (H1: Integrar/ relacionar).

Vaya que en muy pocos años las cosas han cambiado. Tu día laboral ahora se puede desarrollar desde tu celular, en cualquier lugar del mundo.

Sin embargo, aquello que anticipábamos de ir más allá de lo disciplinar, ahora es una prioridad (capítulo 2). Las nuevas formas de trabajo a distancia, en entornos digitales, exigen de un auténtico sentido de colaboración en donde muchas disciplinas y profesiones tienen que convivir.

Como ya lo explicábamos, la complejidad no puede enfrentarse desde disciplinas aisladas, desarticuladas, sino que debe ser desde las distintas disciplinas interactuando a favor de una situación que se desee mejorar.

Deben interactuar conjuntamente disciplinas existentes y emergentes. Disciplinas que ya nos son familiares como: economía, sociología, antropología, comunicación, física, matemática, tienen que colaborar con disciplinas y profesiones muy jóvenes como son: la neurociencia, la inteligencia artificial, el científico de datos, la policía cibernética, etc.

Villaseca, habla de controlar varias áreas en materia digital: el dominio de la gestión de la información, de la comunicación, de la creación de contenidos y de la resolución de problemas.

"La integración de datos online y offline -es decir, el matrimonio de los grandes datos con los pequeños datos- es un ingrediente crucial de la supervivencia y el éxito en el mercado en el siglo XXI"
Martin Lindstrom

En "Big data para directivos" Albert Solana y Genís Roca, hablan acerca de la cadena de valor del data, y explican que esta se construye a partir de tres etapas:

1 Obtener el dato; 2 Procesar el dato; y 3 Utilizar el dato. (No olvides que los datos por sí mismos carecen de sentido, de contexto. La información es darle forma a un conjunto de datos con un sentido específico, y este es el verdadero valor (H1: Integrar/relacionar).

1 Obtener valor, es el extremo de la cadena, aquí se encuentran los proveedores de datos. "El reto que se plantea en proyectos

de Big Data para esta etapa de la cadena de valor consiste en seleccionar qué fuentes son necesarias para responder a la pregunta de negocio planteada (...) Por ejemplo, las cámaras de seguridad de un supermercado pueden ser útiles para detectar los patrones de comportamiento de sus clientes dentro de una tienda" (pág. 28-29). A esta etapa de la cadena se obtiene lo que se llama dato crudo, el cual no ha sido procesado ni analizado.

2 Procesar el dato. "(...) en esta etapa se procesan (los datos) para obtener información que pueda responder la pregunta formulada" (pág. 31).

Por ejemplo: "Un director de hotel se pregunta: ¿de cuántas noches han de ser los packs que ofrecemos a los turistas franceses, y de cuántas a los turistas rusos?" Para la obtención de esos datos, se requiere el trabajo del llamado "científico de datos".

El científico de datos "se encargará de entender la pregunta que el directivo le formule, traducirla a variables a analizar, saber qué consultas a cada conjunto de datos debe realizar, cruzar los datos y finalmente dar el resultado, es decir, responder la pregunta" (pág. 31).

3 Utilizar el dato. La información generada servirá para orientar las decisiones.

"Por ejemplo, un análisis evidencia un diferencial excesivo entre el número de pernoctaciones de visitantes rusos en una determinada zona de Barcelona y el número de clientes de esta nacionalidad de un hotel concreto de esta zona. Con esta información la toma de decisiones implicaría incrementar la presencia de la marca en los espacios de Internet rusos, adaptar la web del hotel al idioma ruso y lanzar campañas de publicidad directa para este colectivo" (pág. 33).

La llamada minería de datos se convierte en indispensable, pues hoy podemos tener a nuestro alcance mucha información, pero debemos obtener aquella verdaderamente valiosa que nos aporte conocimiento útil para descubrir problemáticas u oportunidades y tomar mejores decisiones. Así como el minero se sumerge para de entre las piedras encontrar aquellas que son preciosas.

Para este tema de gestión de grandes cantidades de información existen herramientas que pueden ayudarte en este difícil cometido, como: Google Prediction API, IBM Watson, Google Analytics y Google Trends.

Por otra parte, ahora existen poderosas herramientas de colaboración, algunas es un hecho que ya las utilizas como Google Docs para crear proyectos de manera colaborativa, o Google drive para almacenar, compartir y trabajar archivos.

Otra opción puede ser el software para gestión de proyectos denominado Conceptboard, el cual te permite llevar a cabo trabajos en equipo y en tiempo real utilizando texto e imágenes. Échale un vistazo, puede enriquecer tu habilidad para interactuar en proyectos con muchas personas, ya sabes en cualquier lugar del mundo.

Como puedes ver, desarrollar tu habilidad digital significa entender el valor de los datos, de la información y de la comunicación, y saber qué hacer con ellos. Estos en conjunto se encargan de mover al mundo que estamos y seguiremos viviendo.

Aunque no lo creas, lo menos importante es que aprendas el uso de las tecnologías, softwares, herramientas, aplicaciones, etc. Estoy seguro de que en una tarde los conocerás y con un poco de práctica los dominarás, insisto eso es lo de menos, cualquiera lo puede lograr.

Lo verdaderamente importante es adoptar una conciencia comunicativa (H1: Integrar/relacionar), aplicar la habilidad para ver de manera integral, para encontrar y crear conexiones. Desarrollar tu H2, es decir, diseñar estratégicamente para diagnosticar e intervenir en la solución de problemas. Y ahora sí el uso de herramientas, no antes. "Sin estrategia no hay paraíso".

Sobre el ámbito empresarial, Rob Thomas en el libro colaborativo "Digital minds" menciona algunas herramientas que pueden ayudarte a alcanzar metas de negocio a través del uso de medios sociales.

Aquí dichas herramientas:

"*Discoverly*. Es una extensión de Chrome que le ayuda a ver las cuentas en medios sociales de las personas en sus bases de datos de correos electrónicos, de manera que usted pueda conectarse con ellas de diversas formas.

Pocket. Le ayuda a guardar rápidamente cualquier contenido que encuentre en línea que usted después puede vaciar en carpetas que haya creado para uso posterior. Es el sueño de cualquier curador de contenido, ya que puede etiquetar y filtrar contenido por imagen, video o artículo.

Feedly. Esta es otra herramienta para agregar contenido de fuentes confiables. Además de conocer fuentes directamente a su cuenta Feedly, si usted ha creado listas de Twitter (que es otra manera brillante de jalar artículos de expertos en la materia o líderes de pensamiento) entonces simplemente agregue su lista a Feedly para crear su propio periódico electrónico (eNewspaper) diario específico sobre el tema.

Hootsuite. Hablando de listas de Twitter, si usted busca incrementar al máximo los beneficios de su marketing de contenido y reducir al mínimo el tiempo que emplea en sindicarlo a través de todas sus propiedades en línea (de sitio o sociales), entonces le será imprescindible agregar sus listas de Twitter a sus flujos de información Hootsuite. Esta última herramienta también es un sistema de gestión de medios sociales que le puede ayudar a organizar sus publicaciones entre múltiples canales a través de una interfaz". (2019, págs. 89-90)

"No importa si usted es dueño de un negocio, usuario personal de tecnología móvil o ambos, una cosa es segura: los dispositivos móviles no muestran señales de desacelerarse como el receptor número uno de nuestra atención digital"
Eric Cook

Adicional al big data, a la recopilación de grandes cantidades de información y a la depuración de la misma para la toma de decisiones, Martin Linstrom propone en su libro "Small Data", no recurrir sólo a los grandes datos, sino a los datos que puedes encontrar en pequeños detalles de la vida cotidiana como los objetos que tienes en tu casa y como te relacionas con ellos.

En fin, los datos, la información, el conocimiento y la comunicación son los principales recursos en esta era. Sin embargo, ya lo había mencionado en otro momento (H3: Autoconciencia), la ética es el mejor negocio en esta nueva realidad, el buen comportamiento que tengas se convierte en un valioso y rentable activo.

Erik Qualman, especialista en Social Media, dice que vivimos en casas con paredes de cristal. Muy buena analogía para describir lo que sucede a partir del boom de las redes sociales.

Todos somos transparentes en esta época, queramos o no, somos públicos. Tanto empresas (de todos tamaños), ONGs, instituciones educativas, como personas, de manera voluntaria o involuntaria somos susceptibles de aparecer en el escenario de las redes sociales. Se pueden exhibir nuestras buenas o malas acciones, y bien sabes que lo negativo siempre corre a mayor velocidad.

En toda está vorágine dentro de las redes sociales, desafortunadamente hay quienes tristemente deciden: “Mi vida por un like”. Ya has escuchado sobre la cantidad de desenlaces desafortunados y todo por el afán de destacar públicamente.

Apostemos por las buenas prácticas en el uso de las tecnologías de la información y de la comunicación.

Otro tema trascendente que es importante conocer, es el de la viralización, el cual no pasaremos por alto. Y ni hablar, aunque sea brevemente toquemos el tema. Irónicamente, hablando de virus en este momento (verano de 2021) el de la *COVID 19* es cada vez más contagioso.

De acuerdo con Carlos Augusto Jiménez en su libro “NeoInteracción: cómo funcionan las redes sociales”, nos dice que: “La diferencia entre una red de baja y de alta viralización, es la forma en que a partir del nodo central o semilla se puede estructurar la propagación viral” (Jiménez, C. A., 2018, pág. 15)

Tipo de difusión viral

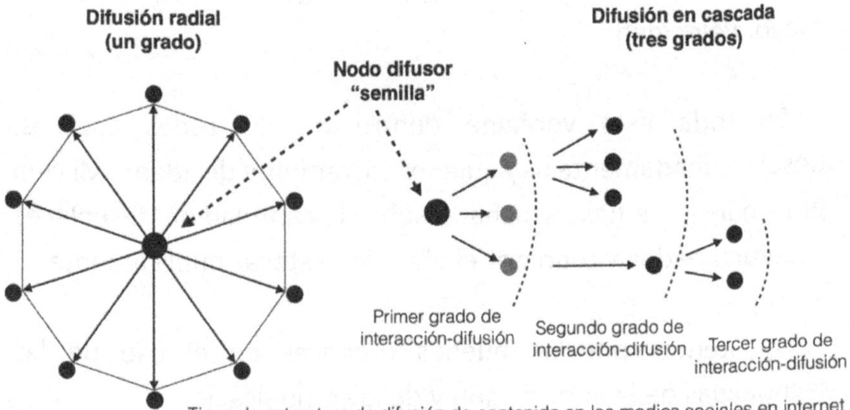

Tipos de estructura de difusión de contenido en los medios sociales en internet

Jímenez, C. A. (2018, pág. 14)

"Los árboles de difusión o cascada son diagramas donde un nodo se va interconectando con otros en forma de árbol, creando varias sub-ramas que pueden extenderse en grados de difusión/interacción"

"Este tipo de difusión es lo que se conoce como alta viralización, donde los contenidos emitidos por las personas en sus redes sociales pueden generar una gran interacción, entre comentarios, likes, compartidos, retuits o simplemente márcalo como favorito. El concepto de mundo pequeño encuadra en las redes de alta viralización, ya que personas totalmente desconocidas pueden llegar a interactuar cuando se forman redes de este tipo".

Aquí un breve, pero interesante paréntesis.

(Sería útil para tu formación, que echarás un vistazo a la teoría de los seis grados de separación del psicólogo Stanley Milgram. En términos generales te dice que únicamente te separan seis personas de aquella que quieres conocer (aunque parezca muy lejana), y lo podrías lograr si accedes a las redes de personas apropiadas y estableces buenas interacciones) (H1: Integrar/relacionar).

Retomemos lo que nos dice Jiménez: "La difusión o propagación epidémica de enfermedades, o el contagio social de las ideas, religiones o patrones de consumo bajo el desarrollo de análisis e investigación de las cascadas del comportamiento humano, se basa en la dispersión del comportamiento a través de los grados de separación entre personas (Fowler & Christakis, 2009 en Jiménez, C.A., 2018)" (pág. 15).

"Las cascadas de difusión en las redes sociales no son precisamente del tipo viral según el concepto de difusión epidemiológica de los virus o bacterias. Sin embargo, en los últimos años se ha visto en diversas plataformas de medios socio-digitales fenómenos virales globales que indican que se está acrecentando la viralización a nivel mundial, las tendencias en Twitter más globales y de mayor potencia (...) además Facebook y Google se han consolidado como los dos principales medios de comunicación masiva a nivel internacional" (Jiménez, C. A., 2018, págs. 15-16).

"Cuando una información o cualquier tipo de contenido fluye entre la sociedad debido a la gran interacción social (redes 4.0) por las diversas plataformas digitales, redes off-line e incluso medios masivos, se puede decir que se ha formado un complejo de red neoviral" (Jiménez, C. A., 2018, pág. 16)

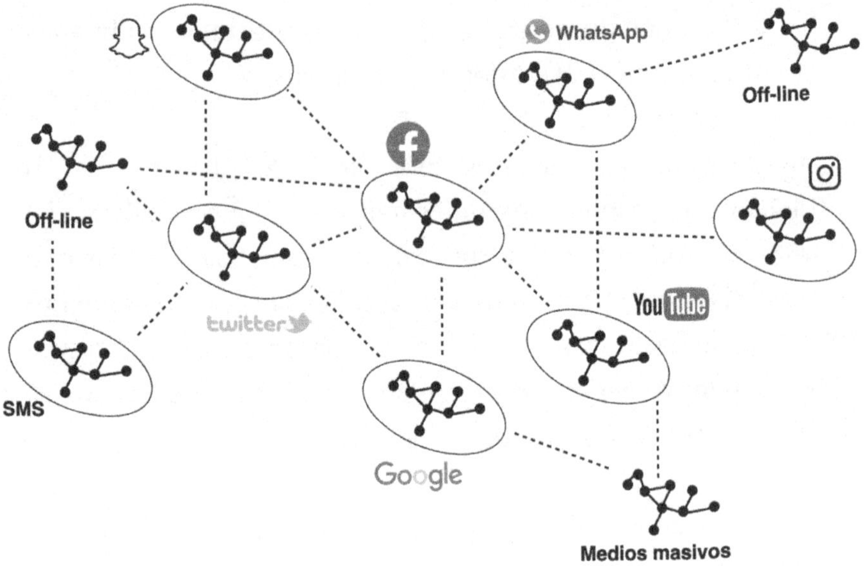

Y así las bondades de las actuales tecnologías que nos permiten la difusión de nuestros mensajes.

Pero atención, por otra parte, viene la situación adversa del uso inconsciente y acrítico de las tecnologías y las redes sociales.

Es probable que ya conozcas que: "Diversos estudios señalan la aparición de nuevos trastornos o la intensificación de problemas psicológicos derivados del uso intensivo de las redes sociales a través del Smartphone. Entre ellos están el síndrome de la llamada imaginaria, en el cual la persona asegura que su Smartphone se activó o recibió algún mensaje o llamada sin que haya ocurrido en realidad. La nomofobia, es uno de los trastornos más recurrentes, presenta algún grado de ansiedad por estar desconectado; el síndrome del doble check o en visto, este se da en WhatsApp, y ocurre cuando la persona siente ansiedad por haber sido ignorado" (Jiménez, C. A., 2018, 2018, pág. 10)

"Los medios tradicionales (de comunicación) se están adaptando a los actuales medios sociales. Los niños y adolescentes de la actual generación ven televisión en internet bajo demanda, les gusta ver series de menor tiempo de duración" (Jiménez, C. A., 2018, pág. 12)

"Hemos cambiado el mundo donde la información y las noticias eran propiedad de unos cuantos y se distribuían a millones"
Erik Qualman

Antes de concluir, es obligado enfatizar que no solo es un asunto de tecnología, de aplicaciones y de social media, es un asunto de muchos campos: el de la comunicación, la psicología, la sociología, la antropología, la estética, el del científico de datos, la inteligencia artificial, la neurociencia, la historia, la política, etc., etc., etc. Ahí radica la riqueza.

¿Qué importancia consideras que tienen en tu vida personal y profesional los datos, la información y la comunicación?

¿De qué manera puedes gestionar de mejor forma los datos, la información y la comunicación de tu entorno personal y profesional?

¿A qué persona quisieras conocer y cómo podrías llegar a ella?

3.10 H10: Inteligencia financiera

"Cuentan que un banquero de inversión estadounidense estaba en el muelle de un pueblecito costero mexicano cuando llegó un bote con un pescador. Dentro del bote había varios atunes de buen tamaño. El estadounidense elogió al mexicano por la calidad de pescado y le preguntó cuánto tiempo había tardado en sacarlos. El mexicano respondió que no mucho. El estadounidense le preguntó que porqué no permanecía más tiempo en el mar y sacaba más pescado.

El mexicano dijo que él tenía más de lo que necesitaba para él y para su familia. El estadounidense le preguntó: "¿Qué hace usted con el resto de su tiempo?". El pescador respondió: "Me levanto tarde, salgo a pescar, juego con mis hijos, duermo la siesta con María, me acerco todas las noches al pueblo donde juego al dominó y a las cartas, tomo una copa y toco la guitarra con mis amigos".

El estadounidense le dijo que podría ayudarle. "Usted debería emplear más tiempo en la pesca y con los ingresos comprar un bote más grande, con los ingresos del bote más grande podrías comprar varios botes, eventualmente tendrás una flota de botes pesqueros. En vez de vender el pescado a un intermediario lo podrías hacer directamente a un distribuidor, o incluso abrir su propio punto de venta en la ciudad. Debería controlar la producción, el procesamiento y la distribución. Debería salir de este pueblo e irse a la capital, luego a los Ángeles y a Nueva York, desde donde manejaría su empresa en expansión".

El pescador mexicano preguntó: "Pero ¿cuánto tiempo tardaría en hacer todo eso?".

A lo que respondió el estadounidense: "Entre quince y veinte años".

"Y luego ¿qué?

El estadounidense se rió y dijo que esa era la mejor parte. "Cuando llegue la hora deberías anunciar una OPV para vender las acciones de tu empresa al público. Te volverás rico, tendrás millones".

"Millones... y luego ¿qué?"

"Luego te puedes retirar a un pueblecito costero, donde podrías levantarte tarde, salir a pescar, jugar con tus hijos y con tus nietos, dormir la siesta con María, acerté todas las noche al bar a tomarte una copa, jugar al dominó y a las cartas y tocar la guitarra con tu amigos".

El mexicano le respondió: "¿Acaso no es eso lo que tengo ya?" (Extraído del libro "La bolsa y la vida" de Ignacio Sebastián de Erice)

Tú podrás sacar tu propia conclusión de este relato.

Es innegable que esta época es incomparable para poder desarrollarnos con mucha libertad en lo personal y en la profesional. Como nunca, durante toda la historia de la humanidad, hoy puedes decidir qué hacer con tu vida.

El dinero es una de las simbolizaciones más fascinantes que se hayan inventado. ¿En qué sentido es una simbolización? En cuanto a que representa (simboliza) una cantidad que en sentido estricto es una convención, esto es, las personas tienen el acuerdo implícito de lo que es y lo que vale un billete de $500.00, y así mismo lo que se puede adquirir con esa cantidad.

¿En qué sentido el dinero es fascinante? En cuanto que produce una atracción casi irresistible para los seres humanos.

En el libro "Psicología del dinero" de Claudia Hammond, se describen estudios que demuestran que el dinero genera un reacción química y neurológica poderosa que hace que se active un mecanismo que libera dopamina, puro placer en las personas. Nuestro cerebro parecerá que nos dice "hazlo otra vez" para seguir obteniendo más placer, más dinero.

Deseamos el dinero porque nos ayuda a conseguir lo que deseamos adquirir. Pero también el dinero desarrolla tal encanto desde la infancia que se quiere atesorar. El dinero influye en nuestra actitud, en nuestros sentimientos y en nuestra conducta. Lo que también es cierto, es que como adultos podemos ser más autoconscientes (H3) de los efectos que tiene en nosotros el dinero.

A ti te corresponde decidir qué hacer con esta herramienta, con el dinero, y no dejar que inconscientemente éste te controle.

Sí, el dinero es una herramienta, pero no debe ser un fin en sí mismo. Es una herramienta que te permite desde obtener alimento, hasta acceder a la educación formal y disfrutar de entretenimiento, por ejemplo. Por otra parte, acumular dinero como fin en sí mismo, por el simple hecho de atesorarlo, sin saber qué hacer con él, sería absurdo, enfermizo, mezquino.

"No es más rico el que más tiene,
sino el que menos necesita"
Anónimo

Ser inteligente financieramente no significa acumular mucho, sino encontrar la mejor forma de obtener y organizar tus recursos, los cuales te faciliten disfrutar de la vida que deseas vivir (ahí queda la referencia del pescador mexicano).

Otro tema fundamental aunado al tema del dinero es el de escasez y el de abundancia.

En El alma del dinero, su autora Lynne Twist menciona que: "En lugar de que los mitos de la escasez nos digan que la única manera de percibir el mundo es que no hay suficiente, más es mejor y así son las cosas, la verdad de la suficiencia afirma que hay bastante para todos. Y el saber que hay bastante nos inspira a compartir, colaborar y contribuir" (2013, pág. 100)

Casi todos crecimos con la idea de que nunca hay lo suficiente, y no sólo dinero. Hemos crecido creyendo que tampoco hay suficiente amor, amistad, salud, empatía, solidaridad, etc. Recuerda que el lenguaje que empleamos de muchas formas nos configura como personas.

Hay muchas expresiones de uso cotidiano, que para nada son inofensivas, al contrario, sí, nos determinan, porque se convierten en creencias, aunque inconscientes (peor aún). Ya sabes que ser autoconsciente siempre nos deja mejor situados.

¿Qué tipo de expresiones (creencias)?

Estas, por ejemplo: "Esa vida sólo se la pueden dar los ricos". "Siempre iremos al día". "Es mucho para mí". "Eres un mediocre", etc.

Esas expresiones (creencias) se convierten en miedos y a la vez generan ansiedad. Ansiedad que casi siempre implica la pérdida, ya sea miedo a perder lo que se tiene o miedo de nunca poder obtener lo que se requiere. Y así vienen interminables miedos a las pérdidas en todos los ámbitos de tu vida: miedo a perder la salud, miedo a perder los ahorros, miedo de perder "al amor de mi vida", miedo a perder la atención de los demás, miedo por aspirar a algo mejor, miedo a triunfar.

Si somos conscientes de nosotros mismos y de nuestro entorno (H:3 Autoconciencia), entenderemos que existe abundancia (capítulo 1) y suficiencia. La naturaleza misma es el mejor ejemplo. En condiciones naturales, silvestres (sin la intervención del hombre), las plantas comúnmente cuentan con la luz suficiente, con el agua suficiente, con los nutrientes suficientes para reproducirse y crecer.

Comúnmente un ave, tiene el plumaje suficiente, así como un pez en el océano las condiciones suficientes para vivir. Tal vez la única especie que tema a la insuficiencia es el ser humano.

La misma Lynne Twist descubre una gran ironía: de manera generalizada los seres humanos viven un sentimiento de insuficiencia, de no tener lo suficiente. Y este sentimiento también habita en el multimillonario, a él nada le falta y ha acumulado mucho más que lo suficiente para vivir, y en quien el miedo se intensifica y es proporcional a la cantidad que teme perder.

Lo anterior pareciera un círculo vicioso del cual no se puede salir. Si crees que seguir enriqueciéndose te permitirá ayudar a los menos favorecidos, tiene sentido. Si deseas más riqueza por miedo a que algún día no tengas lo suficiente, te llevará a una vida con más pena que placer.

Aquellos que se enriquecen sin importarles el deterioro del medio ambiente y de sus habitantes, sin importarles, el sufrimiento, el envenenamiento y la pérdida de vidas humanas, de alguna forma han enloquecido, no entenderán que el individualismo es innecesario.

"El significado de la palabra abundancia es más bien relativo, pero la sostenibilidad de nuestro planeta no lo es"
Jeremy Rifkin

El pánico (muchas veces, ya sabes autogenerado) a perder lo obtenido, a no seguir teniendo, o a nunca tener lo suficiente, desata la ambición, la violencia, y hasta la demencia. La búsqueda de dinero puede sacar lo peor, pero también lo mejor de las personas. Siempre será una elección.

Si los deseos de poseer riqueza sobrepasan tu bienestar personal y el de las personas más cercanas y lejanas a ti ¿vale la pena continuar? Por el deseo de poseer y el miedo a no obtener, o a perder los obtenido, se han producido las grandes guerras.

Si el gran propósito de tu vida es únicamente alcanzar una gran fortuna, ¿cómo te sentirás mientras no la tengas? ¿Profundamente infeliz, poca cosa? Y ¿cómo te sentirías si la obtienes? ¿Satisfecho y tranquilo o temeroso e insuficiente?

Si no hay una motivación más allá de poseer, tendrás miedo de perder lo que posees. Cuidado con las generalizaciones del tipo: "Todas las personas acaudaladas son felices". "Todos los pobres son infelices". Esto es absolutamente relativo.

Por más romántico que parezca, la auténtica alegría proviene de cada uno, no de tus posesiones, sino de tu paz interior, de tu armonía, de tu tranquilidad. Se nos ha hecho creer que buscar fuera posibilita la auténtica alegría, se nos ha dicho que "eres lo que tienes y obtienes".

Sirve que imagines que has naufragado. Por supuesto, no llevas contigo ninguna de tus posesiones. En esa circunstancia pregúntate ¿sigo siendo yo, y sigo siendo valioso a pesar de no contar con ninguna de mis posesiones?

En el fondo, cada uno sabe cuánto es suficiente, aquella cantidad que te permita vivir holgado, pero sin acabarse la vida acumulando por miedo. Qué bueno es tener mucho dinero, pero sin que éste produzca más problemas que bienestar en sus diferentes etapas, tanto en su obtención como en su incremento y en su mantenimiento.

Qué tal tener un tanto más de lo que necesitas, que te permita en lugar de vivir ansioso, vivir tranquilo.

Se dice que hay que invertir más tiempo en agradecer. Agradece por lo que tienes y por lo que tendrás (aunque aún no lo tengas), en lugar de vivir angustiado por el temor de perder o por creer que no llegarás a tener. Hay grandes posibilidades de que nada te falte para vivir.

"¿Cuánto dinero se necesita para ser felices? Muy poco más de lo que tenemos"
John D. Rockefeller

A continuación, sin ser un curso de finanzas personales, ni mucho menos, revisemos brevemente algunos aspectos importantes que te permitirán empezar a desarrollar o afinar tu inteligencia financiera.

Antes que otra cosa, hagamos un breve ejercicio que te permitirá ser más autoconsciente acerca de "qué tan rico eres" o qué tan rico deseas ser.

Calcula con cuánto dinero estarías cómodo y dispuesto a vivir tal y como quisieras vivir, esto por un mes. Incluye necesidades esenciales a satisfacer como alimentación, renta, servicios (luz, agua, gas, internet), ropa, transporte, etc.

Después incluye aquello que tiene que ver con entretenimiento como Netflix, la compra de libros, la compra de música, salidas a comer o cenar, etc. Finalmente incluye una parte que destinarás al ahorro e inversión a mediano (viajes, compra de un auto, etc.) y a largo plazo (jubilación, parece lejano, pero no lo creas). Obviamente el ejercicio tiene que ser pertinente con el estilo de vida que desees llevar.

[Aquí una pausa muy necesaria. Será de gran utilidad que seas consciente y diferencies entre gastos necesarios y gastos deseados.

Tus gastos necesarios implican aquello que es indispensable en tu vida cotidiana (alimentación, vivienda y los servicios básicos, vestimenta, pasajes, gasolina, etc.).

Tus gastos deseados incluye aquello que no es básico indispensable para llevar tu vida cotidiana (comidas en restaurantes, autos de lujo, relojes caros, entretenimientos muy caros, etc.) Diferenciar esto te permitirá establecer prioridades en tus gastos. No se trata de privarte de ciertos lujos, sin embargo, tampoco se trata de que llegues a fin de quincena sin dinero y con las tarjetas de crédito desbordadas.

Práctica lo siguiente: Suma tus ingresos mensuales netos, libres de impuestos, después distribuye esa cantidad en porcentajes, tal vez 60% tienes que destinarlos a gastos necesarios, 20% a gastos deseados y el 20% restante a ahorro (corto plazo) e inversión (mediano y largo plazo). De esa manera no dejarás desprotegido ningún rubro, y vivirás el presente, pero además irás planeando tu futuro. Esto es inteligencia financiera].

Ahora sí, descubre qué tan rico eres. Imagina que con $21,000.00 mensuales puedes vivir como deseas.

Lo que tienes que hacer es pensar que si en este preciso momento decides abandonar tu trabajo, con los recursos que tienes cuánto tiempo podrías vivir sin trabajar.

Por ejemplo, si tienes justo $21,000.00 eres un mes rico, si tienes $10,500.00 eres quince días rico, o si tienes $504,000.00 eres 2 años rico. Ojo: podrías dedicar todo tu tiempo a hacer lo que desees sin tener que trabajar, desde luego con un presupuesto fijo, sin salirte de los aproximadamente $700.00 diarios.

Aún así, si eres financieramente inteligente, podrás jugar con esos $700.00 diarios. Pues habrá ocasiones en que si no tienes que gastar, no lo harás (no te obligues a hacerlo), y tendrás días con por ejemplo $1000.00 diarios. Lo importante es evitar haya días en que tengas $60.00 diarios, o, peor aún que tengas un déficit de menos $900.00

Si, por otra parte, ves que con las cuentas por pagar (auto de lujo, comidas diarias en lugares súper exclusivos, todos los servicios de streaming aunque nunca puedas verlos todos, tarjetas de crédito desbordadas, etc.) y si a fin de mes sólo tienes $300.00 no alcanzas a ser ni un día rico. ¡Sí! "Aunque vivas como rico". ¡Vaya contradicción! Tarde o temprano las deudas te devorarán.

"Si una persona tiene que concentrar sus energías en conseguir su próxima comida, difícilmente podrá concentrarse en mirar más allá de las próximas horas y no podrá quebrar su ciclo de pobreza"
Andrés Oppenheimer

No es que aquel que vista ropa de diseñador y cambie su auto de lujo cada año, sea rico. Puede ser que esté rebasado por el estrés de vivir siempre endeudado, pagando, sin en el fondo, disfrutar de lo que ostenta.

Creo que es genuino gozar de las cosas materiales de la vida, pero también creo que debes planear cómo alcanzarás una posición más cómoda, la cual ahora sí te permita obtener sin sufrir para pagar.

Y sí, la vida hay que vivirla ahora, creo que así debe ser, sin embargo, si por fortuna vivimos más años de los que creemos, habrá que ir construyendo ese futuro día a día.

Aquí lo importante es atender los diferentes plazos, el corto, el mediano y el largo. No dejes de vivir el presente, pero tampoco dejes completamente a la deriva tu futuro, pues el largo plazo resulta determinante en el tema de finanzas personales. Y como lo hemos repetido, el destino no está escrito por completo, tú tienes la posibilidad de crear en gran medida tu futuro.

Y ya lo sabes, imagina tres escenarios de dónde quieres estar en, digamos 5 años, en el ámbito de tu vida personal y profesional.

Un primer escenario es el ideal (utópico), el mejor escenario en el que pudieras estar viviendo; un segundo escenario, es el catastrófico en el cual visualices lo peor, que está directamente vinculado con lo que harías o dejarías de hacer cada día para llegar ahí; y un tercer escenario, el futurible, aquel que es más realista que los dos anteriores, y que tiene grandes posibilidades de ser alcanzado.

Sobre el escenario futurible, plantéate objetivos que vayan del más lejano al más cercano o presente, y empieza hoy con esas acciones, que en cinco años harán que sigas viviendo bastante bien, de acuerdo con cómo hayas decidido vivir. Aunque suene a cliché, por algo se dice que el futuro es hoy.

Hoy tienes a tu alcance muchos instrumentos que harán que el dinero trabaje para ti. Instrumento como inversiones en bienes raíces, inversiones bancarias, gubernamentales, en fondeo colectivo, o crowdfunding, fondos de inversión, inversión en acciones, emprender un negocio, invertir en metales valiosos, invertir en bitcoin, etc.

Por supuesto debes seguir este recorrido: Establecer una meta, determinar a qué plazo pondrás a trabajar tu dinero, qué riesgo te permites asumir, qué rendimiento pretendes obtener, y qué instrumento o instrumentos de inversión te ayudarán a llegar.

Primero debes establecer la meta, esto es, establecer qué deseas adquirir (una mochila, una computadora, un viaje a

Japón, un auto nuevo, una casa, tener suficientes recursos para tu retiro, etc.), cuánto dinero requieres ($1,000.00 ó 100,000.00) y cuánto tiempo tienes para lograrlo (un mes, un año, diez años, treinta años).

En segundo lugar, tendrás que analizar en cuánto tiempo no utilizarás el dinero que pondrás a trabajar. Así estarás en posibilidad de decidir si dejas trabajando tu dinero todo un año sin tocarlo, o tal vez estás en condiciones de no tocar esos recursos durante 5 años, lógicamente esto te generará mayores ganancias que si pones tu dinero a trabajar sólo un mes.

En tercer lugar, debes pensar en el riesgo que estás dispuesto a asumir. Cada tipo de inversión implica un riesgo en cuanto a que al final de tu plazo se te regrese tu dinero más los intereses generados. Así existen inversiones AAA que significa que es muy segura o de bajo riesgo, recibirás tu dinero más las ganancias. Al extremo está la clasificación B la menos segura o de alto riesgo, aquí existen posibilidades de que puedas perder tu dinero.

A mayor riesgo mayores posibilidades de perder tu dinero, sin embargo, si ganas ganarás mucho más que en una inversión de bajo riesgo.

Y justo aquí aquello que denominan diversificación, es decir, no invertir todo tu dinero en un solo instrumento, sino por porcentajes distribuirlo en diferentes opciones. Por ejemplo, si piensas invertir $10,000.00 puedes llevar $8,000.00 a una inversión de bajo riesgo, y $2,000.00 a alto riesgo.

Además, esta variable riesgo se cruza con la variable plazo. Si el dinero que llevaste a alto riego sufre una caída, a largo plazo se recuperará. Esto es, que si esos $2,000.00 los piensas utilizar en un corto plazo, digamos en 3 meses, no sería tan conveniente que los inviertas con alto riesgo, pues si pierdes no tendrás tiempo de esperar a su recuperación, pero si no piensas usar ese dinero en al menos 3 años, sí podrás esperar tiempos mejores.

Por supuesto, debes pensar en los rendimientos que te ofrecen las diferentes opciones de inversión, si buscas descubrirás que hay algunas más atractivas que otras. Bien vale la pena tomarte un buen tiempo para analizar alternativas para que puedas decidir y elegir el o los instrumentos que mejor te ayuden a alcanzar tu meta.

Otro aspecto fundamental, es hacer consciente de que, con el dinero mismo, puedes hacer que entre dinero a tu cartera o que salga de ella. Para explicarlo revisaremos rápidamente los conceptos: Ingresos, egresos, activos y pasivos.

Los ingresos son todas aquellas entradas que tienes, desde tu sueldo quincenal, los rendimientos por una inversión, la renta de algún departamento, etc.

Los egresos son todas aquellas salidas que tienes como pago de servicios, compra de alimentos, pago de renta, pago de tarjetas, compra de ropa, etc.

Por otra parte, los activos son aquellos instrumentos que adquieres, que compras, pero que tienen la capacidad de generarte cierta rentabilidad, es decir, inviertes una cantidad de tus ingresos en adquirirlos, esperas un tiempo en recuperar el dinero invertido, y después llegan los rendimientos. Usas el dinero para generar más dinero, llevas dinero a tu billetera, o a las aplicaciones de tus cuentas.

Al contrario, los pasivos, son aquellos objetos en los cuales gastas, pero que además del gasto inicial por la compra, el poseerlos requiere que sigas gastando para mantenerlos. Usas tu dinero, no para generar más dinero, sino para seguir sacando dinero de tu cartera.

¿Comprar un departamento es un activo o un pasivo, mete dinero a tu monedero o lo saca?

Puede ser activo o pasivo. Si el departamento lo compraste para rentarlo es un activo, si lo adquiriste para habitarlo es un pasivo. Al ser activo recuperarás la inversión después de un tiempo y más adelante recibirás ganancias. Al ser pasivo, además de haber gastado en su compra, tendrás que pagar el predial, el mantenimiento, y todos los servicios.

Lo mismo pasará con la compra de un auto nuevo, será activo si el objetivo es que dé servicio como taxi por aplicación, será pasivo si es para tu uso personal deberás desembolsar para pagar tenencias, servicios, gasolina o electricidad, mantenimiento, multas, lavado, estacionamiento, etc.

¿Debes tener o no casa y auto propio? Tienes la libertad de decidirlo, sería ideal que tuvieras casa propia y auto propio, y además casa y auto que ingresen dinero a tu cartera.

Por último, se habla de deuda mala y deuda buena. La deuda mala es cuando por ejemplo pides un crédito para comprar una moto nueva para tu uso personal, sabes que además de pagar a capital la cantidad del precio de la moto, tendrás que pagar intereses por el préstamo (verifica las tasas de interés para que puedas decidir).

La deuda buena significa comprar a crédito esa moto con el propósito de hacer de ella un activo, ponerla a trabajar para que con lo que produce se vaya pagando la deuda y después goces de los rendimientos.

Y lo repito, más que en cualquier otro momento, ahora existe mucha libertad y facilidades para que decidas lo que quieras hacer con tu vida.

Para concluir esta habilidad puede ser útil que reflexiones sobre estas preguntas:

¿Debes tener todas las riquezas del mundo para de verdad disfrutar de tu vida?

¿Tendrás que esperar hasta haber acumulado la suma de dinero deseada para darte permiso de vivir?

Pues bien, para cerrar este capítulo, listemos las 10 habilidades vistas:

H1: Integrar (conciencia comunicativa y visión sistémica)
H2: Diseñar estratégicamente
H3: Ser autoconsciente
H4: Gestionar el cambio
H5: Rehacerse
H6: Gestionar las percepciones
H7: Creatividad
H8: Storytelling
H9: Habilidad digital
H10: Inteligencia financiera

¿Podrías hacer un esquema que resuma cada habilidad con la intención de que te las apropies? De ser así me encantaría conocerlo: is_warner@yahoo.com.mx, por Facebook, o por LInkedIn.

Deseo que con las 10 habilidades aquí expuestas te sientas inspirado y mejor equipado para caminar en esta nueva realidad.

En el siguiente, y último capítulo, te compartiré el modelo que estoy seguro te ayudará a diseñar tu estrategia personal con alto impacto profesional.

4: DISEÑA TU PROPIA ESTRATEGIA. MODELO PARA EL DESARROLLO DE TU ESTRATEGIA PERSONAL

"La verdad no necesita defensa"
Eckart Tolle

No basta con que sepas algo, es necesario que con eso que sabes, generes ideas y crees soluciones prácticas.

Conocer perfectamente el funcionamiento de un auto y cómo se conduce, no te habilita para ponerlo en marcha y pasearte de buenas a primeras por la ciudad. Es necesario que ese conocimiento lo pruebes en la práctica, que lo ejecutes, y que lo practiques constante y conscientemente.

En el anterior ejemplo del auto, está implícito esto que se ha denominado, por una parte, conocimiento declarativo, y por otra, conocimiento procedimental.

El conocimiento declarativo significa aprender conceptos, teorías, hechos y asegurarlos en tu memoria a largo plazo. Es el caso de saber qué es un auto, cuáles son sus partes y cómo se debe conducir, o saber qué significa la fuerza de gravedad, o saber como realizar un presupuesto.

El conocimiento procedimental, además de adquirir y de apropiarse de cierta información, incluye la capacidad práctica. Por ejemplo, además de saber todo sobre la conducción de un auto, ahora sabes cómo y en qué momento frenar o acelerar para rebasar, y ya no sólo sabes conducir en la ciudad, sino también eres hábil para manejar en la autopista.

Las 10 habilidades propuestas, además de ya conocerlas, de haberlas adquirido, de tenerlas conscientes, requieren ser aplicadas para que realmente produzcan un cambio en tu vida personal y profesional.

Cualquier cambio consciente requiere, por un lado, que tengas claro de dónde estás partiendo para saber cuál es tu condición actual, y por otro lado necesitas, tener un referente que te sirva para verificar qué tanto has logrado cambiar, mejorar.

Siguiendo el ejemplo del auto, si quieres aprender a manejar, primero deberás tener claro qué tanto conoces sobre el funcionamiento de los coches. O si ya sabes conducir, pero tu intención es ser piloto de la Fórmula 1, el referente inicial será útil para evaluar tu habilidad actual, y en consecuencia diseñar la estrategia y las actividades específicas de entrenamiento que debes realizar.

"Sin la detección de problemas/oportunidades, no tendría razón de ser la intervención estratégica"
Israel Guarneros

El modelo que te comparto a continuación es un enfoque de intervención estratégica y se resume de la siguiente manera:

Conocer tu Situación actual (1) (diagnóstico) para establecer una Situación deseada o mejorada (2) (metas y objetivos), dejando ver la Brecha o gap (3) que te permita diseñar la estrategia y ejecutar las acciones para conseguir el cambio. Después Evaluar (4) el resultado (parcial y global) de la estrategia, y Retroalimentar (5) para mejorar (proceso, resultados, aprendizaje). Y seguir haciendo camino al ejecutar, seguir aprendiendo y mejorando.

Aquí te presento de manera gráfica la propuesta del modelo estratégico de intervención:

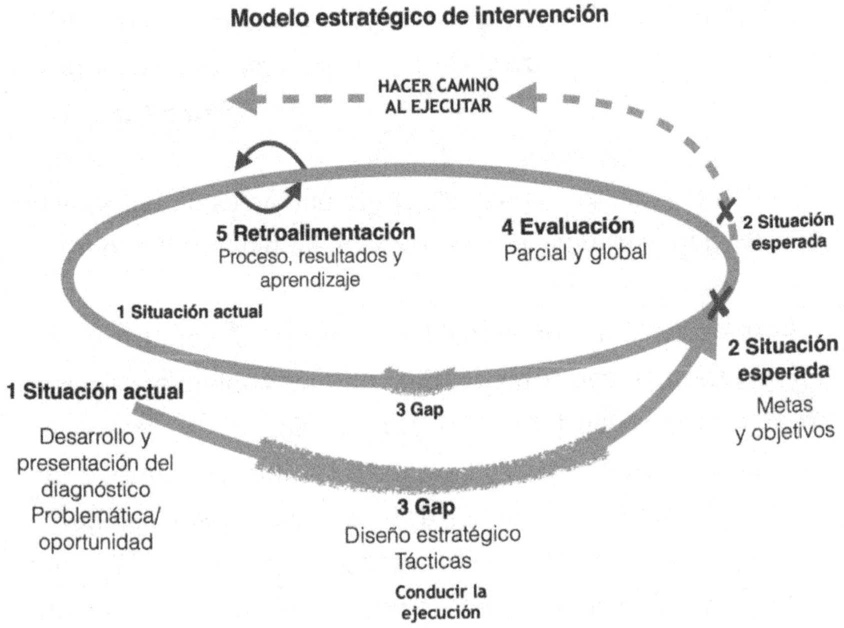

"Clarifica y define todos los resultados que te has comprometido a alcanzar, grandes y pequeños, así como las acciones requeridas para alcanzarlos. Sólo entonces estarás preparado para el auténtico juego de la eficacia, que consiste en alcanzarlos todos con la máxima rapidez, y sentirte cómodo con la forma en que marchan las cosas en cada uno de ellos"

David Allen

El modelo toma como analogía una espiral que debe ascender, dejando atrás la linealidad de un proceso.

Un modelo lineal, sería más parecido a la idea de que cualquier proceso puesto en marcha garantizará un camino seguro, directo, sin contratiempos. Un proceso de naturaleza lineal es poco inteligente, en cuanto a que no reaprende, ni se rehace, ya que un camino recto, con "absoluta certidumbre" no produce nuevo conocimiento, sino automatización que puede ser propia de una máquina. Aquí el tema es que las estrategias empresariales son diseñadas y gestionadas por seres humanos, no por máquinas.

4.1: DIAGNÓSTICO ¿CUÁL ES LA SITUACIÓN ACTUAL?

Como ya lo mencioné identificar la situación actual te ayudará a conocer y comprender en dónde te encuentras.

Lo primero por hacer, es obtener información acerca de qué tan desarrolladas tienes cada una de las 10 habilidades estudiadas. Para ello debes crear un análisis propio y un análisis de otras personas de tu ámbito personal y profesional.

Esto es, primero tienes que preguntarte con toda honestidad sobre la apropiación, dominio y resultados que te producen las habilidades descritas, y segundo, debes preguntarle eso mismo a un grupo de personas.

Entonces, primero tienes que detectar tus problemas/oportunidades por cada una de las 10 habilidades, es decir, debes identificar tu Situación actual, y sólo así podrás diseñar tu Situación deseada estableciendo Metas y Objetivos (¿qué quiero lograr?), y después las Estrategias y Tácticas (¿cómo lograrlo?) con sus acciones específicas.

Las brechas que detectes entre tu Situación actual y la Situación deseada, reflejará las brechas o gaps sobre las cuales pensarás y ejecutarás las estrategias para reducirlas. A menor brecha, mayor dominio de la habilidad, y viceversa, a mayor brecha, menor dominio de la habilidad.

¿Tienes que evaluar todas las habilidades? Idealmente sí, sin embargo, puedes enfocarte en aquellas que consideres de antemano que te es muy necesario adquirir o mejorar.

A continuación te dejo listo el instrumento para que en primer lugar, con total sinceridad lo contestes, y después lo contesten dos grupos de personas, uno de tu ámbito personal, y otro de tu entorno profesional, más adelante detallo el procedimiento.

Es importante mencionar que puede ser necesario emplear otro tipo de instrumentos como entrevistas y observación.

OJO: elimina del instrumento la habilidad que está entre paréntesis (p.e. H1 Integrar/relacionar) previo cada grupo de preguntas, esto sólo es para que tú identifiques a qué habilidad pertenece.

Por favor contesta sinceramente las siguientes preguntas, pensando en mi persona y mi desempeño, indicando con una X sólo una de las siguientes opciones: 0,1,2,3,4 ó 5.

Entendiendo que:

0 Aplica nada a mi persona y a mi desempeño
1 Aplica muy poco a mi persona y a mi desempeño
2 Aplica regularmente a mi persona y a mi desempeño
3 Aplica mucho a mi persona y a mi desempeño
4 Aplica siempre a mi persona y a mi desempeño

(H1: Integrar/relacionar)

1 ¿Acostumbro ver interacciones entre las partes, en lugar de ver cada situación de forma aislada?

0	1	2	3	4	5

2 ¿Tengo la habilidad de crear fácilmente redes de contactos entre personas, entre objetos y entre situaciones?

0	1	2	3	4	5

3 ¿Tengo la visión y los recursos para crear relaciones efectivas y eficientes entre todas las partes involucradas?

0	1	2	3	4	5

(H2: Diseñar estratégicamente)

4 ¿Tengo más el hábito de anticipar escenarios futuros, que de esperar a que las cosas sucedan por sí mismas?

0	1	2	3	4	5

5 ¿Acostumbro evaluar y comprender la situación actual para después establecer objetivos y diseñar estrategias de mejora?

0	1	2	3	4	5

6 ¿Considero que el futuro está determinado, o que el futuro se empieza a crear estratégicamente desde ahora?

0	1	2	3	4	5

(H3: Autoconciencia)

7 ¿Ante una situación cotidiana comúnmente me detengo por un instante a reflexionar en lugar de actuar en automático?

0	1	2	3	4	5

8 ¿Tengo la capacidad de controlar mi estrés en lugar de desbordarme?

0	1	2	3	4	5

9 Cuando estoy teniendo momentos de tensión, ¿identifico la situación al momento, en lugar de que el malestar físico y emocional se manifieste afectando a los demás?

0	1	2	3	4	5

(H4: Gestionar el cambio)

10 ¿Gestiono correctamente los procesos de cambio personales y grupales?

0	1	2	3	4	5

11 ¿Soy constante como para consolidar cambios personales y grupales?

0	1	2	3	4	5

12 ¿Llevo a cabo una metodología que me permita reducir las resistencias al cambio para sumar aliados y juntos alcanzar mejoras?

0	1	2	3	4	5

(H5: Rehacerse)

13 ¿Comúnmente no me quejo de las situaciones cotidianas?

0	1	2	3	4	5

14 ¿Los problemas cotidianos los asumo como pequeños baches en lugar de grandes socavones?

0	1	2	3	4	5

15 ¿Ante una adversidad cotidiana recupero fácilmente el entusiasmo, el rumbo?

0	1	2	3	4	5

(H6: Gestionar las percepciones)

16 ¿Considero que las primeras impresiones sobre alguien o algo son valiosas?

0	1	2	3	4	5

17 ¿Considero que gestiono correctamente mi imagen personal y profesional?

0	1	2	3	4	5

18 ¿Parezco una persona congruente entre lo que pienso, digo y hago?

0	1	2	3	4	5

(H7: Creatividad)

19 ¿Soy una persona creativa?

0	1	2	3	4	5

20 ¿Qué tan hábil soy para establecer conexiones entre cosas o situaciones aparentemente inconexas?

0	1	2	3	4	5

21 ¿Comúnmente pienso que para cada situación hay múltiples posibilidades en lugar de un sólo camino?

0	1	2	3	4	5

(H8: Storytelling)

22 ¿Tengo la habilidad de crear visiones claras y atractivas que marcan el rumbo de un proyecto?

0	1	2	3	4	5

23 ¿Tengo la habilidad de entusiasmar a las personas a través de mis pláticas y presentaciones?

0	1	2	3	4	5

24 ¿Tengo la habilidad de involucrar e inspirar a las personas para que lleven adelante un trabajo?

0	1	2	3	4	5

(H9: Habilidad digital)

25 ¿Entiendo el valor de hacer de un conjunto de datos, información valiosa para tomar mejores decisiones para el equipo de trabajo?

0	1	2	3	4	5

26 ¿Sé cómo gestionar cantidades grandes de información, eligiendo aquella verdaderamente útil y valiosa?

0	1	2	3	4	5

27 ¿Saco ventaja de las TICs sin dejar que ellas me dominen y sobrepasen?

0	1	2	3	4	5

(H10: Inteligencia financiera)

28 ¿Mantengo equilibrio entre mi tiempo libre, y el tiempo que empleo trabajando para obtener dinero?

0	1	2	3	4	5

29 ¿Soy agradecido con lo tengo?

0	1	2	3	4	5

30 ¿Cuento con una metodología que me permite distribuir efectivamente mis gastos necesarios, mis gastos deseados y lo destinado al ahorro y la inversión?

0	1	2	3	4	5

Como lo mencioné, tú serás el primero en contestar las preguntas. Después elegirás a otras personas para que también realicen este ejercicio. Se muy cuidadoso para dejarles claro a las personas, que las respuestas son sobre tu desempeño, no sobre el de ellos, esto por la redacción de las preguntas en primera persona.

Te recomiendo elegir a un grupo de personas (tal vez 10) de tu ámbito personal (integrantes de tu familia y amigos), y de tu entorno laboral (jefe, colaboradores, equipo de trabajo, compañeros) para aplicarles las preguntas. No olvides explicarles que el motivo de este ejercicio es identificar el estatus de tus habilidades y potenciarlas al máximo, por lo cual pides su total sinceridad al contestar.

Habrá preguntas que puedan ser difíciles de contestar para los demás, pues pudieran ser íntimas sobre tu persona. Como por ejemplo la pregunta 30, si fuera así indicarles que sin problema sólo se basen en sus percepciones que tengan sobre ti, en lo que crean sobre ti.

Una vez que obtengas tus respuestas y la de los demás, tienes que sistematizar y analizar la información obtenida para saber cuál es tu situación actual sobre cada habilidad.

Las respuestas propias y de cada persona, a cada grupo de preguntas por habilidad, debe ser promediada, es decir, si las respuestas al bloque de preguntas sobre H9 Habilidad digital son: 3, 4 y 5, el promedio será 4, o si de la H4 Gestionar el cambio son: 1,3 y 5, el promedio será 3. Este promedio es el que te ayudará a descubrir las brechas.

Las primeras brechas que descubrirás serán las que se cree entre la Situación deseada o ideal y la Situación actual, esto es, el resultado que obtengas al contestar y promediar tus respuestas.

Posteriormente estarás en condiciones de graficar los resultados para que de manera muy visual identifiques esas brechas sobre las cuales más adelante fijarás meta y objetivos, y diseñarás estrategias y tácticas para mantener, potenciar o mejorar cada habilidad.

En primer lugar crea un polígono de 10 lados, para que incluya las 10 habilidades. El centro del polígono representará el 0, la intersección más cercana representará 1, la más lejana al centro representará el 5, Situación deseada o ideal.

Aquí te muestro la figura que debes crear:

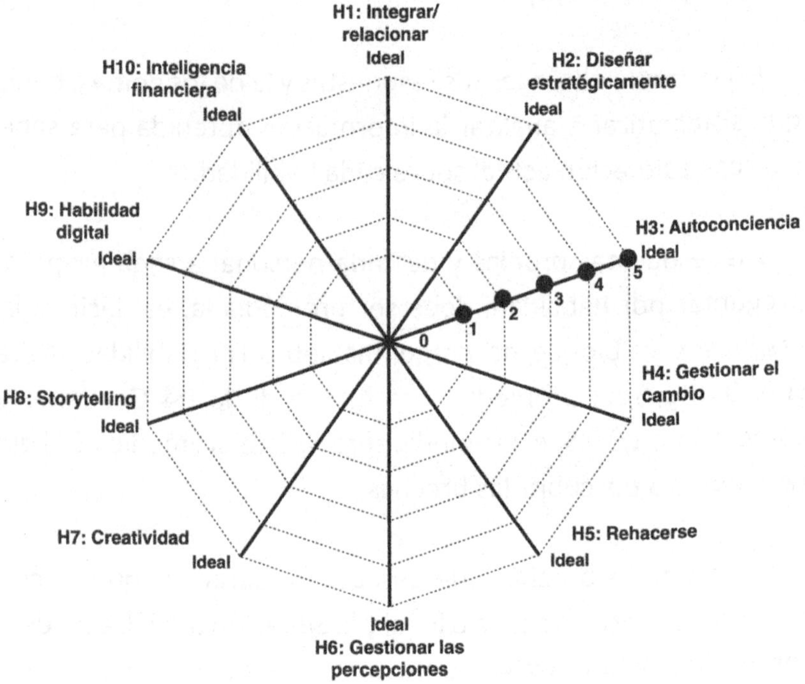

Una vez que tienes lista la figura, y tus respuestas promediadas, ya puedes graficar para descubrir las brechas.

Mira el siguiente ejemplo:

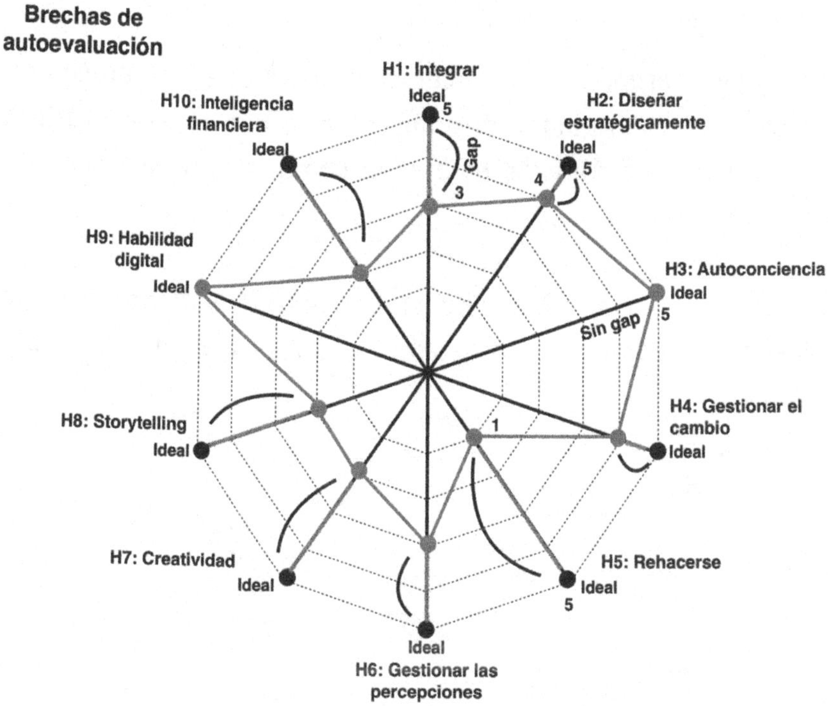

Aquí vemos representado en azul la puntuación que obtuviste por cada habilidad, resultado de promediar tus respuestas.

Ejemplo: La H1, habilidad para integrar, tuvo como resultado 3, y muestra una brecha o gap negativo (marcada en rojo) de dos puntos (entre el 3 y el 5) entre la Situación ideal, deseada y el promedio que tú obtuviste con tus respuestas. La H2, diseñar estratégicamente, muestra un gap muy pequeño de un punto, casi está en la posición ideal. En la H3, autoconciencia, no existe gap alguno, hay una coincidencia entre la Situación actual y la Situación ideal, en este caso lo que tienes que hacer es sólo mantener y potenciar esta habilidad, no se requiere mayor cambio.

Sin embargo, la H5, rehacerse, muestra una gran brecha de 4 (entre 1 y 5). Aquí tendrás que trabajar más para mejorar esa habilidad; tu estrategia, esto es el cómo, tendrá que ser más robusta.

Por otra parte, debes saber cómo eres percibido por tu grupo de personas cercano, más personal, aquí el siguiente ejemplo:

Ámbito personal

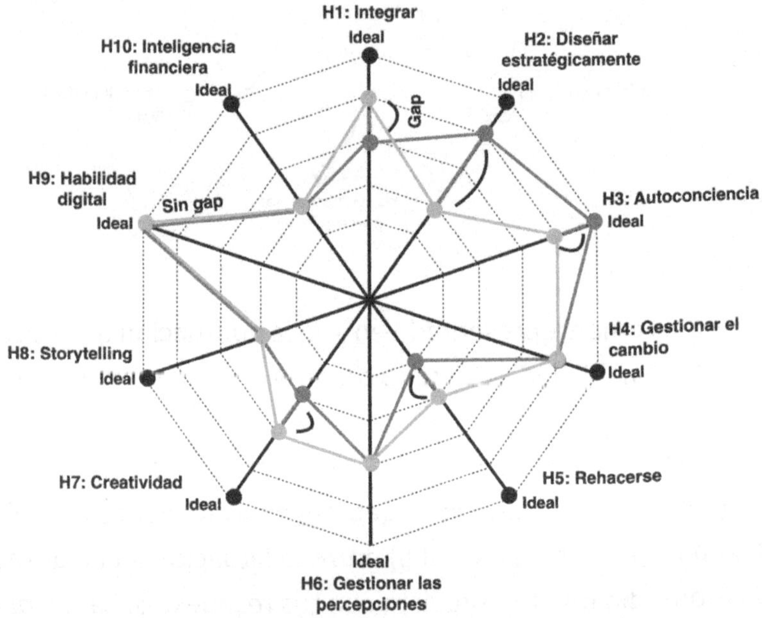

En este caso la brecha tiene como referencia las respuestas promediadas de todas las personas, sobre tus respuestas las cuales ya tenías. Las líneas azul oscuro siguen representando tus promedios, las líneas azul claro los promedios de las respuestas de las personas.

En la H1, las personas te valoran mejor que como tu te evalúas, al menos un punto por encima, digamos que es un gap positivo. En la H2, existe una brecha negativa de dos puntos, ya que las personas te evalúan por debajo de lo que tú te evalúas.

Sin embargo, en H4, H6, H8, H9 y H10 hay una total coincidencia entre la percepción de los demás y tu propia percepción, no hay gaps.

Por último, vamos a ejemplificar el caso de tu ámbito profesional.

Ámbito profesional

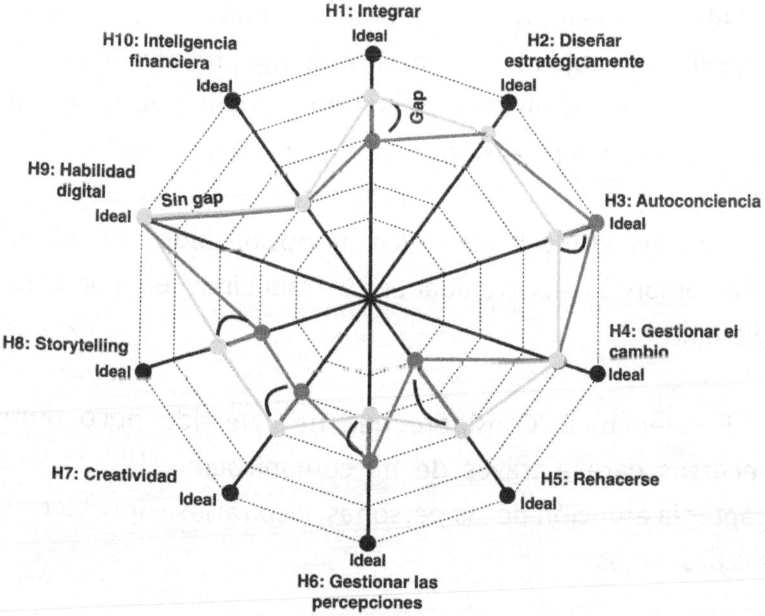

En este caso lo único que hice fue representar el promedio de las respuestas de las personas de tu entorno laboral con líneas amarillas. Las líneas azules siguen representando tu promedio personal.

Aquí puedes analizar las brechas, y también las coincidencias que se producen entre tu propia valoración, y las percepciones que tienen las personas sobre cada una de tus habilidades.

Si deseas tener la información específica de las respuestas de cada persona, es importante, si es posible, solicitarles sus datos como nombre, puesto, edad, género, etc.

Al final, que los demás te hayan evaluado es importante para equilibrar tu autovaloración, sin embargo, tómalo con cautela, a fin de cuentas tu ejercicio debe ser totalmente honesto, y debes tener humildad pues sólo así podrás cambiar y crecer.

Con las gráficas ya estás en posibilidades de identificar problemáticas oportunidades, y traducirlas en palabras, por ejemplo:

Problemática: Considero que he invertido poco tiempo y recursos para a través de mi comunicación, H8 storytelling, captar la atención de las personas, inspirarlas e involucrarlas en los proyectos.

Oportunidad: Identifico que tengo ampliamente desarrollada mi H9 habilidad digital, y las demás personas opinan lo mismo.

Esto me permite promoverme para la vacante del área de sistemas. Sería muy útil diseñar una buena estrategia H2, a través de un discurso atractivo y convincente H8 storytelling.

En el siguiente apartado puedes ver con ejemplos como continúa el proceso de este modelo de intervención estratégica que te propongo.

4.2: METAS Y OBJETIVOS ¿CUÁL DESEO QUE SEA MI SITUACIÓN MEJORADA/IDEAL?

"Una gran parte de las emociones que sentimos está relacionada con objetivos. Técnicamente hablando, no somos felices si no nos vemos progresar, y la mera idea de progreso implica un valor."
Jordan B. Peterson

En términos generales la **Situación deseada (2)** (marcada en el Modelo de intervención estratégica con un "tache") es el espacio/tiempo de posibilidad o de posibilidades de mejora. Claro que es un futuro, pero un futuro que se construirá paso a paso en el presente.

Modelo estratégico de intervención

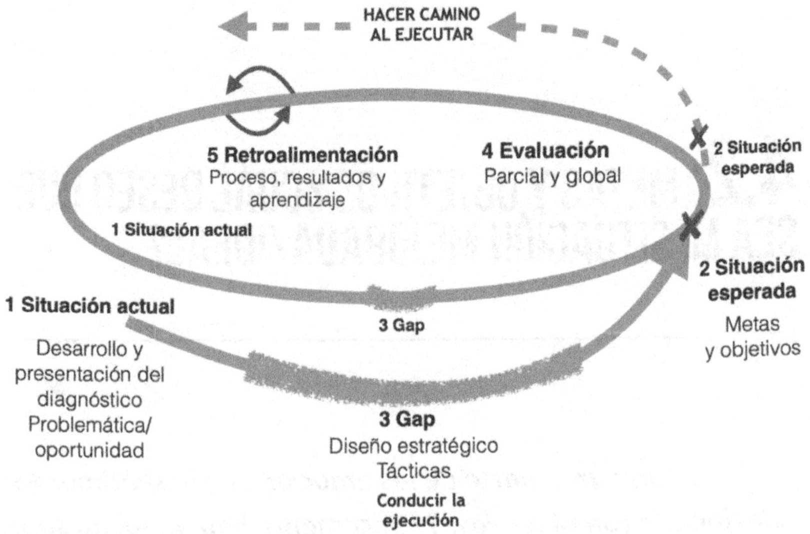

La situación deseada incluye la meta y los objetivos a ser cumplidos. Por eso, esa situación esperada está determinada por el lugar y el tiempo a los cuáles queremos llegar, obviamente teniendo como motivo la solución de los problemas identificados o el aprovechamiento de las oportunidades descubiertas en la situación actual.

En otras palabras, la situación deseada es aspirar y apostar a una mejor situación que requerirá de una estrategia para el cambio progresivo. Es obligado conocer la ubicación en la que actualmente nos encontramos, antes de emprender el viaje, que es justo lo que ya graficaste.

"La gente siempre se está preparando para vivir, pero nunca vive"
Ralph Waldo Emerson

Una meta responde a la pregunta ¿qué queremos lograr, conseguir, cambiar? De manera muy general.

Vamos con un ejemplo de tu ámbito personal y otro del ámbito profesional.

Meta personal: "Mejorar mis finanzas personales"

Meta profesional: "Mejorar mi habilidad para gestionar cambios corporativos".

Como se puede ver, la meta es una intención, pero planteada de manera muy amplia, tal vez hasta ambigua, y no necesariamente es incorrecto, es un punto de partida, una forma de reconocer que es necesario cambiar.

Por su parte, los objetivos también deben de responder a la pregunta ¿qué queremos lograr, conseguir, cambiar?, sin embargo, debe responder de forma específica. Es decir, los objetivos sirven para desglosar la meta establecida.

Se ha hecho habitual recurrir al acrónimo en inglés SMART (Specific/específico; Mensurable/medible; Achievable/ realizable; Realistic/realista; Timely/en tiempo) para garantizar que los objetivos no se queden al nivel de una meta general.

Siguiendo con los ejemplos de meta arriba establecidos, podríamos ampliarlo y ahora ejemplificar de la siguiente forma los posibles objetivos:

Problema/oportunidad personal (resultado del ejercicio de diagnóstico de la Situación actual):

"Dificultad para tener unas finanzas personales sanas".

Meta personal (resultado del ejercicio de plantear la Situación deseada):

"Mejorar mis finanzas personales".

Objetivos:

1 Eliminar mis deudas a más tardar en seis meses (establecer fecha).

2 Generar ingresos adicionales a los actuales en un periodo de seis meses (establecer fecha).

3 Iniciar ahorro en seis meses durante un año (establecer fechas).

Problema/oportunidad profesional (resultado del ejercicio de diagnóstico de la Situación actual):

"Imposibilidad para consolidar cambios corporativos".

Meta profesional (resultado del ejercicio de plantear la Situación deseada):

"Mejorar mi habilidad para gestionar cambios".

Objetivos:

1 Sensibilizar a mi equipo de trabajo, en un periodo de una semana, sobre la adopción de la nueva metodología de trabajo (establecer fecha).

2 Capacitar, en una semana, a mi equipo de trabajo sobre el correcto uso del software con la nueva metodología (establecer fecha).

3 En un mes a partir de la etapa de capacitación concluida, evaluar la adopción por parte de mi equipo de trabajo de la nueva metodología de trabajo y los resultados que está dando (establecer fecha).

Siempre es útil usar verbos en infinitivo para la redacción de los objetivos.

Es indiscutible, sin objetivos no puede haber estrategia. Si no sabes a dónde quieres llegar, dará lo mismo el cómo.

4.3: ESTRATEGAS Y TÁCTICAS ¿CÓMO LO LOGRARÉ?

Una vez esclarecidos los objetivos (Situación deseada) podemos diseñar la estrategia y las tácticas.

El llamado **gap o brecha (3)**, nos permite representar tu **Situación actual (1)** con relación a la **Situación deseada (2)**. (Recuerda que ya tienes descubiertos los gaps). La estrategia y las acciones tácticas permitirán "puentear" de un lugar a otro para atravesar la brecha, es decir, lograr, alcanzar los objetivos propuestos.

Si anteriormente, explicamos que tanto la meta como los objetivos tendrán que contestar a la pregunta qué queremos lograr, ahora la estrategia y las tácticas deberán contestar al cuestionamiento *cómo podremos alcanzar los objetivos y la meta*, esto es, cómo podemos ir del lugar en el cual nos encontramos ahora, al lugar deseado.

La estrategia será el cómo podremos conseguir los objetivos, pero planteada de manera general. Por otra parte, las tácticas también deberán responder a la misma pregunta sobre cómo lograr los objetivos trazados, sólo que de forma específica.

El ejemplo sumativo del caso **personal** sería como sigue:

Objetivo:

1 Eliminar mis deudas en un periodo de seis meses (establecer fecha)

Estrategia:

"Diseñando un plan de finanzas personales y patrimoniales".

Tácticas:

1 Creando una herramienta que me permita saber cuáles y cuántos son mis ingresos, y cómo los distribuyo, además identificar deudas adquiridas, y gastos innecesarios que realizo.

2 Monetizando mis conocimientos, experiencia y habilidades a través de cursos on line.

3 Creando una cuenta en CETES directo.

El ejemplo sumativo del caso **profesional** sería como sigue:

Objetivo:

1 Sensibilizar a mi equipo de trabajo, en un periodo de una semana, sobre la adopción de la nueva metodología de trabajo.

Estrategia:

"Aplicando la metodología de los ocho pasos del Líder del cambio de Kotter".

Tácticas:

1 Creando la visión clara y atractiva de la sustitución de la metodología de trabajo.

2 Generando sentido de urgencia ante la adopción de la nueva metodología de trabajo.

3 Creando un grupo de colaboradores convencidos del cambio para sensibilizar e incentivar al resto de integrantes del equipo.

Así como se sugiere redactar en infinitivo la meta y los objetivos, te propongo redactar la estrategia y las tácticas en gerundio para evitar confusión, es decir, evitar que éstas parezcan nuevos objetivos a lograr. Con la redacción se pretende diferenciar con claridad los *qué* queremos lograr, de los *cómo* podremos lograrlo.

Siempre es de gran ayuda traducir de forma más clara el desarrollo global y particular de las propuestas de intervención; como ejemplo están los mapas que nos ayudan a situarnos, y a poder comunicarlo de mejor manera hacia las personas involucradas.

La siguiente tabla nos permite identificar la correspondencia entre la problemática, la meta, los objetivos, así como la estrategia y las tácticas de un solo vistazo.

Ejemplifico en la tabla el caso personal:

Problema	Meta	Objetivos	Estrategia	Tácticas
Dificultad para tener unas finanzas personales sanas.	Mejorar mis finanzas personales	1 Eliminar mis deudas a más tardar en seis meses (establecer fecha).	Diseñando un plan de finanzas personales y patrimoniales.	1 Creando una herramienta que me permita saber cuáles y cuántos son mis ingresos, y cómo los distribuyo, además identificar deudas adquiridas, y gastos innecesarios que realizo.
		2 Generar ingresos adicionales a los actuales en un periodo de seis meses (establecer fecha).		2 Monetizando mis conocimientos, experiencia y habilidades a través de cursos on line.
		3 Iniciar ahorro en seis meses durante un año (establecer fechas).		3 Creando cuenta en CETES Directo

Elaboración propia.

"Experiencia no es lo que ocurre. Experiencia es lo que usted gana con lo que ocurre"
Aldous Huxley

Es muy importante destacar que no todo debe ser cambio, también se requiere cierta permanencia para lograr equilibrio. Una persona que busca todo el tiempo cambiar genera mayor incertidumbre (estrés) al habitual; y una persona que siempre se resiste al cambio será rebasada por la realidad de su entorno.

Hay dos elementos, que como nunca, se tienen que contemplar para la puesta en marcha de la estrategia: las contingencias y la conducción.

4.3.1: CONTINGENCIA Y CONDUCCIÓN DE LA ESTRATEGIA

Cada vez es más disfuncional entender y concebir una estrategia como un receta infalible o como un algoritmo que una vez que se diseña, su aplicación será infalible, se logrará llegar a la meta propuesta y se garantizará un camino sin ningún tipo de contratiempos. Al respecto, los "planes B" o planes secundarios, en caso de que el plan original no pueda sostenerse, se convierten en necesarios.

Más que nunca, ahora debemos tener pensamientos flexibles, menos rígidos que nos posibiliten ser más creativos ante situaciones imprevistas las cuales dificulten ejecutar y conducir estrateglas previamente diseñadas.

Lo anterior nos llevaba a considerar que atendiendo a las posibles contingencias (representadas en el modelo con flechas rojas punteadas) los cambios deben producirse en primer lugar, al nivel de las *acciones*, sin de manera inicial afectar los objetivos y la gran meta.

Modelo estratégico de intervención

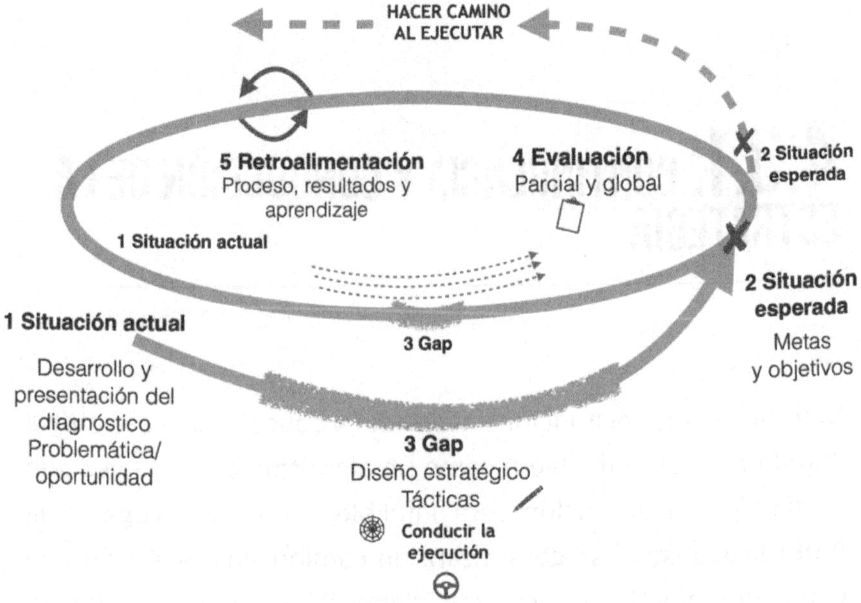

Con lo anterior quiero decir que, ante cualquier situación inesperada o que no esté resultando como se tenía previsto, el nivel inicial de corrección será directamente sobre las acciones. Si en este nivel no se dan mejoras, habrá que escalar al nivel de las tácticas, pero si aún aquí no podemos corregir el curso de la situación, tendremos que subir al nivel de las estrategias, es decir, se tienen que ir tomando resoluciones sin perder de vista la mejor consecución de los objetivos y de las metas.

En algunas ocasiones las "acciones y/o estrategias B" podrán funcionar muy bien, pues cuentan con el valor de responder a situaciones reales, las cuales no siempre se pueden visualizar al momento de pensar y diseñar las estrategias.

Lo que no es recomendable, es depositar toda nuestra labor estratégica a la absoluta improvisación y a la visión estrecha, restringida sólo al corto plazo.

Por otra parte, es importante rescatar aquí que tú avanzas a partir de las acciones e interacciones realizadas con los demás, no podemos ir solos por el mundo.

La verdad es que la estrategia más que implantarse, se debe conducir. Implantar tiene más connotaciones (que muchas veces se convierten en prácticas personales) asociadas con colocar algo, dejarlo ahí, olvidarse de él, y sin más esperar buenos resultados.

En cambio, las connotaciones de conducir están asociadas con atención consciente continuada, lo cual nos remite a algo dinámico, algo vivo que necesita de cuidados.

Aquí se convierten en útiles dos metáforas: La metáfora del hábil conductor de autos, (de ahí el ícono de volante dentro del Modelo de intervención estratégica); y la metáfora del tejedor de redes ("diseñador de interacciones") (de ahí el ícono de telaraña dentro del modelo).

La metáfora del hábil conductor de autos (acompañado por un copiloto competente) nos deja ver que él, siempre tiene en mente un destino, e inicialmente tiene una ruta trazada, y la suma de kilómetros acumulados le permite conocer y reconocer diferentes caminos, pero además ha desarrollado la capacidad de decidir y de maniobrar sobre la marcha, también de elegir nuevas rutas, atajos u otros caminos que le permitan llegar a la meta en el menor tiempo y con los menos gastos generalizados (combustible, desgaste físico y emocional, etc.).

Por otra parte, la metáfora del tejedor de redes o "diseñador de interacciones" permitirá recobrar la idea de que las situaciones no suceden a partir de personas aisladas, sino que la consecución de muchos objetivos implicará una serie de interacciones, y la efectividad de éstas facilitará o dificultará alcanzar la meta.

Ya lo apunta Lawrence Freedman en su libro: "Estrategia: Una historia", "(...) cuanto más grande es el cerebro, mayor es la capacidad para mantener sustanciales redes sociales", esto es parte de la inteligencia estratégica.

Diseñar Interacciones partirá de reconocer la falta y la mejora de articulaciones y retroalimentación entre las partes. Lo que está bien articulado y lleno de sentido, genera interacciones fructíferas, pues tiene vida.

Vale señalar, que una estrategia cada vez más debe parecerse al proceso que lleva a cabo un guionista de series (de ahí el ícono de lápiz dentro del modelo) televisivas (online), no de una película como pieza única, la cual representaría un proceso acabado en cuanto a que no tiene varios episodios, no es secuencial (a menos que sean partes 1, 2, 3, etc.).

El guionista de series tiene la habilidad de hacer que cada pieza: encuadres, tomas, escenas, capítulos, obviamente los personajes y las acciones e interacciones que realizan, cómo las realizan, en dónde y cuándo las realizan, tenga congruencia de inicio a fin. Además, es sabido que muchos episodios son reescritos a partir de escuchar a los públicos, esto significa que ahora existe una verdadera interacción con estos.

Al final, cualquier ejecución será más atractiva y efectiva al llevar implícito un buen "storytelling" (H8), una buena narrativa que permita conformar la estrategia, comunicarla y conducirla. Sabemos de lo importante que es para todo ser humano escuchar buenas historias, pero más efectivo aún es hacerlo partícipe de ellas.

Giuseppe Morici (2016, pág. 142) establece que una comunicación persuasiva efectiva debe tomar en cuenta: Il cosa, il come e il chi. Es decir, il cosa, es *el qué*, el argumento racional que busca convencer a alguien para que realice alguna acción en particular; il come, es *el cómo*, la historia o narrativa que buscará atraer la atención y fascinar a los públicos para así persuadirlos; y il chi, *quién*, hace referencia a la estructura identitaria de los mensajes que les permitirán a las personas identificarse con la marca, en nuestro caso identificarse además con el proyecto, con la estrategia.

Pero subrayemos que ahora, el principal elemento para persuadir a las personas es tomarlas en cuenta, incluirlas, hacerlas una parte valiosa del todo.

4.4: Evaluación parcial y global

El punto de partida para realizar una **Evaluación (4)** es la propia definición de la meta y de los objetivos.

La meta y los objetivos, además de servirte para establecer con claridad la situación esperada o deseada, son la referencia evidente para poder evaluar qué tanto te has acercado a la situación esperada, o si ya has llegado.

En este sentido, la *evaluación global* tiene como principal propósito: verificar al final del plazo trazado si has cumplido con lo establecido, y bajo qué circunstancias.

A manera de ejemplo tendríamos que preguntarnos de forma general: ¿He mejorado mi situación financiera? Y de manera particular deberíamos verificar si: ¿he logrado mayores ingresos con menos tiempo empleado en ello? Y añadiendo la metáfora del conductor, habrá que saber ¿cómo hemos conducido para haber llegado a la meta? ¿cuántos recursos empleé, cuántos tuve que agregar, cuántos no utilicé?

Sin embargo, dejar la evaluación hasta el final del proceso, nos impediría conducir para sobre la marcha ir tomando decisiones y maniobrando. Una de las informaciones más valiosas de una evaluación parcial, se dan a partir de la identificación de posibles resistencias al cambio (una vez que se ha puesto en marcha la estrategia), así cómo del reconocimiento de la cantidad y de la calidad de las interacciones que están o deberían estar en juego.

Así como el conductor requiere información útil próxima y del entorno, como puede ser la velocidad a la que se avanza, la cantidad de combustible consumido, las condiciones del tránsito, la cercanía o lejanía de otros automovilistas, las características del clima, etc.; tú requieres saber el nivel de compromiso que tienes o tienen las personas involucradas, el tiempo transcurrido que lleva la estrategia y el que falta, los recursos que se han empleado, los primeros impactos producto de la estrategia y las respuestas por parte de las personas, etc.

Desde luego, los instrumentos diseñados y aplicados para obtener el diagnóstico que llevaron a identificar la situación actual, serán nuevamente necesarios en la evaluación, pues éstos (además de otros que probablemente se sumen) los volverás a aplicar para verificar los avances, o por qué no, los indeseables retrocesos.

4.5: Retroalimentación de los resultados, del proceso y del aprendizaje

Otro aspecto fundamental en esta propuesta de modelo de intervención estratégica es la **Retroalimentación (5)** de los resultados, del proceso y del aprendizaje adquirido.

De forma implícita, en el modelo, estamos evocando esta Conciencia comunicativa (H1) a la cual nos hemos estado refiriendo: partes no aisladas, sino interactuando, retroalimentándose, o en espera de ser conectadas/articuladas.

La retroalimentación permite conocer, comprender y reconocer al otro, pero además permite aprender a partir del error y del acierto. Asimismo, una auténtica retroalimentación incluye e involucra. La conducción estratégica no debe convertirse en un proceso solitario, por el contrario, debe sumar voluntades.

La retroalimentación comunicará si hemos alcanzado la meta o no, si se obtuvieron o no los resultados, pero adicionalmente comunicará los detalles importantes a ser conocidos, los cuales fueron sucediéndose durante la conducción de la estrategia, pero más aún la retroalimentación debe permitir abrir un espacio para intercambiar experiencias entre los involucrados.

¿Cómo se vivió el proceso? ¿Qué se hizo bien? ¿Qué se hizo de forma equivocada? ¿Qué hizo falta? ¿Qué sobró? ¿Cuáles fueron las principales problemáticas y de qué naturaleza fueron, económicas, humanas, materiales, etc., y cómo se solventaron?

Lo anterior de manera consecuente permite compartir el aprendizaje logrado, ya sea de los tropiezos y errores ocurridos, o de los aciertos.

Por último, estamos claros de que cuesta reconocer que no hay aprendizaje personal y profesional que sirva de por vida, ni intervención efectiva en toda circunstancia y momento. Hoy predomina el lifelong learning, el aprendizaje a lo largo de toda tu vida. Nunca terminarás de aprender.

Pues bien, tendrás que ser flexible para decididamente reconocer que en este mundo complejo se aprende y se reaprende, sí preparándose antes de accionar, pero, por mucho, también "haciendo camino al ejecutar", tal y como se muestra en el modelo con la flecha superior punteada, con la intención de crear una espiral ascendente cada vez más enriquecida. (Guarneros, Tesis doctoral, pág. 142-143)

A MANERA DE CIERRE

Lo que es real y motivante es que la vida nunca te ofrecerá un único camino, sino muchas posibilidades. Sólo falta que elijas las que fervientemente deseas, te organices y empieces a disfrutar del viaje.

Espero que hayas comprobado que en algunas ocasiones "no hay nada más práctico que una buena teoría", pero que, en otras, tendrás que desaprender, y reaprender, y poner a prueba nuevas formas de conformar la realidad, tú realidad.

Deseo que, de manera integral, la teoría de la comunicación, la teoría de sistemas, el constructivismo, el marketing, el branding, la comunicación, la física cuántica, la neuroplasticidad, la termodinámica, etc., así como las 10 habilidades revisadas, te ayuden a tener una vida personal y profesional más feliz y productiva.

Además, deseo que el modelo de intervención estratégica al aplicarlo te inspiré, te dé mayor seguridad, pero también que te permita crecer y hacer crecer tus proyectos personales y profesionales.

Te deseo mucha pasión, emoción y diversión en tu andar por esta nueva realidad.

Ciao!

REFERENCIAS UTILIZADAS Y RECOMENDADAS

- Ackoff, R. L. (2012) El paradigma de Ackoff. Una administración sistémica. México. Limusa Wiley.

- Anderson, Ch. (2009) La economía long tail. De los métodos de masas al triunfo de lo minoritario. España. Empresa Activa.
- Anderson, Ch. (2013) Makers. La nueva revolución industrial. España. Empresa Activa.
- Anderson, Ch., (2016) Charlas TED. La guía oficial de TED para hablar en público. México. Paidós Empresa.

- Bohm, D. y Peat, F.D. (2007) Ciencia, orden y creatividad. Las raíces creativas de la ciencia y la vida. Barcelona. Kairós.

- Buster, B. Storytelling. Cómo contar tu historia para que el mundo quiera escucharla. Koan (Libro digital)

- Carnegie, D. (2001) El camino fácil y rápido para hablar eficazmente. Argentina. Editorial Sudamericana.

- Catmull, E. (2015) Creatividad S.A. Cómo llevar la inspiración hasta el infinito y más allá. México. Conecta.

- Costa, J. (1999) La comunicación en acción. Informe sobre la cultura de la gestión. España. Paidós.
- Costa, J. (2004) DirCom Online. El Master de Dirección de Comunicación a distancia. Bolivia. Design Grupo Editorial.
- Costa, J. (2009a) Imagen corporativa en el siglo XXI. Argentina. La Crujía.
- Costa, J. (2009b) DirCom. Estratega de la complejidad. Nuevos paradigmas para la Dirección de la Comunicación. Barcelona. Aldea Global.
- Costa, J. y Moles, A. (2014) Diseño y publicidad. El nuevo reto de la comunicación. México. Trillas.
- Costa, J. (2015) La imagen de marca. Un fenómeno social. España. Paidós Diseño.
- Dalai Lama y Tutu, D. (2021) El libro de la alegría. México. Debolsillo.

- Davidson, R. y Begley, Sh. (2012) El perfil emocional de tu cerebro. Destino. (Libro digital)

- De Bono, E. (2010) Más allá de la competencia. La creación de nuevos valores y objetivos de la empresa. España. Paidós.

- Dispenza, J. (2019) El placebo eres tú. Descubre el poder de tu mente. México. Urano.

- Dixit, A. K. y Nalebuff, B. J. (2010) El arte de la estrategia. La teoría de juegos, guía del éxito en sus negocios y su vida diaria. España. Antoni Bosch editor.

- Ellis, A. (2018) Ser feliz y vencer las preocupaciones. Cómo la terapia racional, emotiva y conductual te convertirá en una persona feliz. España. Ediciones Obelisco.

- Elizalde, O. A. (2013) Aproximaciones a las ciencias de la complejidad. Bogotá. Revista Universitaria de La Salle.

- Eckart, T. (2019) Una nueva tierra. México. Grijalbo.

- Frank, M., Roehrig, P. y Pring, B. (2018) Qué haremos cuando las máquinas lo hagan todo. Artificial intelligence, bots & big data. España. Lid.

- Freedman, L. (2016) Estrategia: Una historia. Oxford University Press

- Fromm, E. (1992) Del tener al ser. Caminos y extravíos de la conciencia. México. Paidós.

- García, J. (2007) El arte de estar bien. México. Ediciones ABK.

- García, R. (2000) El conocimiento en construcción. De las Formulaciones de Jean Piaget a la teoría de sistemas complejos. Barcelona. Gedisa.

- García, R. (2013) Sistemas complejos. Conceptos, método y fundamentación epistemológica de la investigación interdisciplinaria. México. Gedisa.

- Goleman, D. y Senge, M. P. (2014) Triple focus. Un nuevo acercamiento a la educación. España. Grupo Zeta.

- González, R. El constructivismo, sus fundamentos y aplicación educativa. Universidad Nacional Mayor de San Marcos.

- Guarneros, I. (2011) El peso del capital simbólico en las empresas. E.U. Palibrio.

- Guarneros, I. (2013) Más competitivas que pequeñas. Imagen corporativa a la medida de su empresa. México. Grupo Editorial Patria.

- Guarneros, I. (2020) Tesis doctoral: Modelo transicional de comunicación corporativa para PYMES en México.

- Gubern, R. (1987) La mirada opulenta. Exploración de la iconosfera contemporánea. España. Gustavo Gili

- Hammond C. Psicología del dinero. Por qué ejerce tanto poder y cómo dominarlo. Taurus. (Libro digital)

- Harari, Y. N. (2021) Sapiens. De animales a dioses. El nacimiento de la humanidad. Debate.

- Herrscher, E. (2013) Pensamiento sistémico. Caminar el cambio o cambiar el camino. Argentina. Granica.

- Jiménez, C.A. (2018) NeoInteracción: cómo funcionan las redes sociales. México. LD Books.

- Kotter, J. P. (2000) El líder del cambio. México. Mc Graw Hill.

- Krupatini, S. (2011) Y ahora qué hacemos ante la complejidad. Un abordaje teórico-práctico para la gestión de empresas y gobiernos en entornos turbulentos. Argentina. Granica.

- Kuhn, T.S. (1992) La estructura de las revoluciones científicas. México. Brevarios Fondo de Cultura Económica.

- Lamarre, G. (2018) Storytelling como estrategia de comunicación. Herramientas narrativas para comunicadores, creativos y emprendedores. Eslovenia. GG

- Lindstrom, M. (2009) *Brand sense. Convierta su marca en una experiencia de cinco sentidos*. México. Grupo Editorial Patria.

- Lindstrom, M. (2016) Small data. Las pequeñas pistas que revelan grandes tendencias. México. Paidós.

- Maldonado, C. E. (2010) El mundo de las ciencias de la complejidad. Un estado del arte. Documentos de investigación. Universidad del Rosario. Facultad de Administración.

- Martín Serrano, M. y Piñuel, J. L. (1982) Teoría de la comunicación. Epistemología y análisis de referencia. España.

- Martín Serrano, M. (2007) Teoría de la comunicación. La comunicación, la vida y la sociedad. España. McGraw Hill.

- Monaghan, Dan, y otros. (2019) Digital minds. 12 cosas que todo negocio necesita saber sobre marketing digital. WSI.

- Morici, G. (2016) Fare marketing rimanendo brava persone. Etica e poética del mistiere più discusso del mondo. Italia. Feltrinellie Editore.

- Nardone, G. (2004) Psicosoluciones. España. Herder.

- Oppenheimer, A. (2018) ¡Sálvese quien pueda! El futuro del trabajo en la era de la automatización. México. Debate.

- Pérez, R. A. (2012) Pensar la estrategia. Argentina. La Crujía Ediciones.

- Putnam, L. L., Costa, J. y Garrido, F. J. (2002) Comunicación empresarial. Nuevas tendencias en comunicación para potenciar la estrategia empresarial. España. Gestión 2000.com

- Qualman, E. (2014) Socialnomics. Cómo transforman los medios sociales el modo en que vivimos y hacemos negocios. México. Grupo Editorial Patria.

- Ramírez, J.C. (2009) PYMES más competitivas. Colombia. Starbooks.

- Ries, A. y L. (2005) El origen de las marcas. Descubra las leyes naturales de la creación de categorías y la construcción de marcas. España. Empresa Activa

- Rifkin, J. (2015) La sociedad de costo marginal cero. El internet de las cosas, el procomún colaborativo y el eclipse del capitalismo. México. Paidós

- Rovelli, C. (2016) La realidad no es lo que parece. La estructura elemental de las cosas.

- Sebastián de Erice, I. (2008) La bolsa y la vida. Confesiones de un jornalero. México. Alfaomega Ra-Ma.

- Seligman, M. (2006) Aprenda optimismo. Haga de la vida una experiencia gratificante. México. Debolsillo.

- Solana, A. y Roca, G. (2015) Big data para directivos. Guía rápida y ejemplos prácticos. España. Empresa Activa.

- Twist, L. (2013) El alma del dinero. Recuperando la riqueza de nuestros recursos interiores. México. Hara Press.

- Valdés, L. (2016) El dado de 7 caras. Un nuevo enfoque para innovar exitosamente en los negocios. México. Norma.

- Villaseca, D. (2018) Desarrolla tu talento digital. Cómo acelerar tu carrera y reforzar tu marca. México. Alfaomega-ESIC.

- Watzlawick, P. y otros (1994) La realidad inventada ¿Cómo sabemos lo que creemos saber? Barcelona. Gedisa.

- Watzlawick, P. (2001) El arte de amargarse la vida. España. Herder.

- Watzlawick, P. y otros (2006) Teoría de la comunicación humana. Interacciones, patologías y paradojas. España. Herder.

- Wenzel, E., Kirig, A., y Rauch, C. (2009) Greenomics. Cómo el nuevo estilo de vida verde está cambiando los mercados y los consumidores. México. Grupo Editorial Patria.

Made in the USA
Monee, IL
04 November 2026

67378973R00177